Pendel

Der ultimative Leitfaden zur Magie der Pendel und wie Sie sie zum Wahrsagen, Pendeln, Tarot-Lesen, Heilen und Ausgleichen der Chakren verwenden können

© **Copyright 2024**

Alle Rechte vorbehalten. Kein Teil dieses Buches darf in irgendeiner Form ohne schriftliche Genehmigung des Autors reproduziert werden. Rezensenten dürfen in Besprechungen kurze Textpassagen zitieren.

Haftungsausschluss: Kein Teil dieser Publikation darf ohne die schriftliche Erlaubnis des Verlags reproduziert oder in irgendeiner Form übertragen werden, sei es auf mechanischem oder elektronischem Wege, einschließlich Fotokopie oder Tonaufnahme oder in einem Informationsspeicher oder Datenspeicher oder durch E-Mail.

Obwohl alle Anstrengungen unternommen wurden, die in diesem Werk enthaltenen Informationen zu verifizieren, übernehmen weder der Autor noch der Verlag Verantwortung für etwaige Fehler, Auslassungen oder gegenteilige Auslegungen des Themas.

Dieses Buch dient der Unterhaltung. Die geäußerte Meinung ist ausschließlich die des Autors und sollte nicht als Ausdruck von fachlicher Anweisung oder Anordnung verstanden werden. Der Leser / die Leserin ist selbst für seine / ihre Handlungen verantwortlich.

Die Einhaltung aller anwendbaren Gesetze und Regelungen, einschließlich internationaler, Bundes-, Staats- und lokaler Rechtsprechung, die Geschäftspraktiken, Werbung und alle übrigen Aspekte des Geschäftsbetriebs in den USA, Kanada, dem Vereinigten Königreich regeln oder jeglicher anderer Jurisdiktion obliegt ausschließlich dem Käufer oder Leser.

Weder der Autor noch der Verlag übernimmt Verantwortung oder Haftung oder sonst etwas im Namen des Käufers oder Lesers dieser Materialien. Jegliche Kränkung einer Einzelperson oder Organisation ist unbeabsichtigt.

Inhaltsverzeichnis

EINFÜHRUNG 1
KAPITEL 1: EINFÜHRUNG IN DAS PENDELN 3
KAPITEL 2: WIE SIE EIN PENDEL AUSWÄHLEN 9
KAPITEL 3: VORBEREITUNGEN FÜR DIE VERWENDUNG DES PENDELS 16
KAPITEL 4: AKTIVIEREN SIE IHR PENDEL................................. 30
KAPITEL 5: MIT IHREM PENDEL KOMMUNIZIEREN 38
KAPITEL 6: VERLORENE GEGENSTÄNDE MIT EINEM PENDEL FINDEN 49
KAPITEL 7: PENDEL FÜR WAHRSAGEREI UND MAGIE 53
KAPITEL 8: EIGENSCHAFTEN VON KRISTALLPENDELN 66
KAPITEL 9: VERWENDUNG VON PENDELN FÜR DIE KÖRPERLICHE HEILUNG 78
KAPITEL 10: DIE VERWENDUNG VON PENDELN ZUR ENERGIEHEILUNG 89
FAZIT 100
HIER IST EIN WEITERES BUCH VON MARI SILVA, DAS IHNEN GEFALLEN KÖNNTE 101
QUELLENANGABEN 102

Einführung

Sind Sie fasziniert von der Magie der schwingenden Pendel? Oder sind Sie einfach nur ein wenig neugierig auf diese Praxis, die plötzlich wieder an Popularität gewonnen hat? Was auch immer der Grund sein mag, dieses Buch wird Ihnen helfen, etwas über Pendel und ihre Verwendung in der Wahrsagerei, beim Tarot-Lesen, beim Pendeln, beim Heilen und vielem mehr zu lernen.

Wenn Sie das Potenzial des Pendels erst einmal verstanden haben, werden Sie die Kontrolle über Ihr Leben gewinnen und Erfüllung finden. Die Magie der Pendel kann für viel mehr genutzt werden, als Sie sich vorstellen können. Sie sind nicht nur ein Teil dieser alten Großvateruhren, die die Zeit runterticken. Mit den richtigen Fähigkeiten und ein wenig Übung können Pendel auf viele magische Arten eingesetzt werden.

Ein Pendel ist ein mächtiges Werkzeug, das Ihnen helfen kann, die linke und die rechte Seite Ihres Gehirns zu aktivieren und sie zu befähigen, synchron zu arbeiten. Es wird Ihre intuitiven Fähigkeiten verbessern und Ihnen helfen, Energien von Menschen, Orten oder Gegenständen in Ihrer Umgebung wahrzunehmen. Wenn Sie lernen, mit dem Pendel umzugehen, wird es Ihnen viel leichter fallen, Entscheidungen zu treffen, und ob Sie es glauben oder nicht, Sie werden feststellen, dass Ihr Stresslevel sinkt. Sie werden auch lernen, verlorene oder versteckte Gegenstände mit Hilfe des Pendels zu finden. Wenn Sie die Bedeutung hinter den Bewegungen Ihres Pendels entdecken, können Sie interpretieren, was das Pendel Ihnen sagen will. In diesem

Buch erfahren Sie, wie Sie Pendel für alles verwenden können, vom Pendeln bis zum Ausgleich der Chakren und vieles mehr.

In den letzten Jahren sind die Menschen gegenüber alten Praktiken offener geworden, die mit dem Aufkommen des wissenschaftlichen Denkens langsam an Bedeutung verloren hatten. Heutzutage sind alternative Heilmethoden wie Reiki und Akupunktur wieder populär geworden. Viele Mediziner haben diese Methoden in ihre Praxen aufgenommen oder empfehlen sie ihren Patienten. Wie die alternative Medizin kann auch die Pendelheilung die konventionelle Medizin nicht ersetzen; sie wirkt eher wie ein ergänzendes Instrument. Mit Pendeln können Sie Krankheiten oder Ungleichgewichte im Energiesystem des Körpers diagnostizieren. Damit ein Mensch vollständig geheilt werden kann, muss jeder Aspekt seines mentalen, emotionalen, physischen und spirituellen Wesens geheilt werden. Mit dem Pendel können Sie sich auf mehr als nur den körperlichen Aspekt der Heilung konzentrieren. Bei der Lektüre dieses Buches werden Sie die verschiedenen Einsatzmöglichkeiten des Pendels kennenlernen, um ein Leiden im Körper zu diagnostizieren und das Gleichgewicht des Chakrensystems wiederherzustellen.

Wenn Sie bereit sind, das Potenzial von Pendeln in Ihrem Leben zu entfalten, beginnen Sie zu lesen. Suchen Sie sich mit Hilfe der hier gegebenen Tipps ein Pendel aus und vertrauen Sie darauf, dass es Ihnen als Wegweiser dient, um Ihr Leben in vielerlei Hinsicht zu verbessern.

Kapitel 1: Einführung in das Pendeln

Was ist ein Pendel?

Wenn Sie sich für Wahrsagerei und Magie interessieren, wird Ihnen ein Pendel eine ganz neue Welt eröffnen. Pendel werden für eine Art von metaphysischer Praxis verwendet, die einfach und doch äußerst effektiv ist. Pendel werden auch als Wahrsagegerät bezeichnet und werden schon seit Tausenden von Jahren verwendet. Sie können lernen, Pendel zur persönlichen Weiterentwicklung oder als Werkzeug zu nutzen, das Sie mit höheren Mächten verbindet. Ihre Ziele mögen sich von denen anderer unterscheiden, aber die Praxis wird seit der Antike ausgeübt. Wenn Sie die Wahrsagerei mit dem Pendel ausprobieren möchten, finden Sie hier den Einstieg.

Was ist ein Pendel? Es ist im Wesentlichen ein einfaches Gewicht, das an einer Schnur aufgehängt ist, so dass es frei an dieser Schnur schwingen kann. In der Wahrsagerei wird ein Pendel verwendet, um Energie von einer höheren Macht, einer anderen Person oder sogar von Ihnen selbst zu kanalisieren. Die Pendelwünschelrute ist nur eine von vielen Arten der Wünschelrute. Die Wünschelrute wird seit Hunderten von Jahren aus vielen Gründen eingesetzt.

Pendel werden nicht nur als Wünschelrute benutzt

Viele Menschen sind verwirrt darüber, was der Begriff Wünschelrute bedeutet. Nur weil Sie ein Pendel für etwas benutzen, heißt das nicht, dass es sich um eine Wünschelrute handelt. Wenn Sie Fragen stellen und ein Pendel benutzen, um Antworten zu erhalten, handelt es sich um eine Wünschelrute. Wenn Sie das Pendel zur Energieumwandlung oder zur Heilung verwenden, ist es keine Wünschelrute. Bei Letzterem geht es darum, absichtlich energetische Veränderungen vorzunehmen. Es ist wichtig, dass Sie die Bedeutung der Wünschelrute kennen und es von anderen Anwendungen des Pendels unterscheiden können. Wenn Sie mit einem Pendel heilen, kann man das als Pendelheilung bezeichnen. Dafür gibt es keinen komplexen oder spezifischen Begriff.

Eine Einführung in das Wünschelrutengehen

Pendel werden im Okkultismus im Allgemeinen zum Wünschelrutengehen verwendet. Beim Wünschelrutengehen werden Pendel, Weidenholz, Eberesche oder eine y-förmige Metallrute verwendet, um nach verborgenen Substanzen wie Schätzen, Wasser, alten Ruinen und Grabstätten zu suchen. Die Praxis der Wünschelrute wurde im Mittelalter in Europa populär. Diese Praxis wird auch als Wasserwünscheln, Pendelwünscheln oder Rutengehen bezeichnet.

Beim Wünschelrutengehen halten Sie die Schnur oder den Faden in der Hand, an dem das Pendel aufgehängt ist, und beginnen mit Ihrer Suche. Wenn das Pendel Übertragungen von versteckten Objekten empfängt, beginnt es sich zu bewegen, um den Ort anzuzeigen. Einige Wünschelrutengänger konnten versteckte Objekte finden, indem sie die Wünschelrute einfach über Landkarten hielten, die das Gebiet anzeigten, in dem sich die versteckten Objekte befinden könnten.

In früheren Zeiten wurde die Wünschelrute vor allem bei der Suche nach Wasser eingesetzt, weshalb sie auch als Wasserwünschelrute bezeichnet wird. Aber schon bald wurde die Wünschelrute auch für die Suche nach anderen verlorenen Gegenständen, für Wahrsagerei, Heilung und sogar für die Suche nach verlorenen Menschen oder Haustieren eingesetzt. Diese faszinierende Praxis wird immer noch von vielen Menschen auf der ganzen Welt ausgeübt. Wenn Sie dieses Buch lesen, werden Sie einfache Möglichkeiten kennenlernen, wie auch Sie die Pendelwünschelrute einsetzen können.

Die Geschichte der Wünschelrute

Eine der ältesten Höhlenzeichnungen, die einen Mann beim Wünschelrutengehen zeigt, wurde auf 6000 v. Chr. datiert. Sie wurde in

Algerien entdeckt und zeigt einen Mann mit einer gegabelten Rute, der wahrscheinlich nach Wasser sucht. Auch die Chinesen praktizierten das Wünschelrutengehen. Es wurde eine Statue eines chinesischen Kaisers mit einem Wünschelrutengänger entdeckt, die auf 2200 v. Chr. zurückgeht. Auch auf vielen ägyptischen Papyri und Gemälden finden sich Darstellungen von Wünschelruten. Kaiser Yu nutzte die Wünschelrute, um geopolitische Spannungszonen zu lokalisieren. Er hinterließ Dekrete, die den Bau von Häusern an solchen Orten untersagten. Dieselbe Methode wird auch heute noch im Feng Shui verwendet.

Im Alten Testament wird erwähnt, dass Moses und Aaron mit einer Rute Wasser fanden. Auch König Salomon nutzte die Wünschelrute, um Frauen für seinen Harem auszuwählen. Die früheste bekannte Illustration eines Wünschelrutengängers stammt von Georgius Agricola in De Re Metallica (1556). Sie zeigt einen Mann, der mit einem gegabelten Zweig nach Mineralienadern sucht.

Auch in der französischen Geschichte gibt es viele Informationen über die Wünschelrute. Um 1326 verurteilte die Kirche die Verwendung der Wünschelrute als Wahrsagerei. Trotzdem wurde die Wünschelrute in den Werken von Priestern wie Abbe de Vallmont erwähnt. Im Jahr 1518 bezeichnete Martin Luther die Wünschelrute als Okkultismus.

Das Rutengehen, wie wir es heute kennen, stammt möglicherweise aus dem Deutschland des 16. Jahrhunderts, wo es für die Suche nach Metallerzen eingesetzt wurde. In England wurde die Wünschelrute bei der Suche nach Zink in den königlichen Minen eingesetzt. Königin Elisabeth I. führte diese Methode ein, als sie den Erfolg sah, den es in Deutschland brachte.

Ein Jesuit namens Gaspar Scott erklärte die Wünschelrute im Jahr 1662 zu einer satanischen und abergläubischen Praxis. Im 17. Jahrhundert wurde die Wünschelrute in Südfrankreich für die Suche nach Verbrechern eingesetzt. Der Missbrauch dieser Praxis führte 1701 zu einem Dekret der Inquisition, woraufhin sie verboten wurde.

Im späten 19. Jahrhundert wurde die Wünschelrute in South Dakota eingesetzt, um das Wasser auf dem Land von Farmern, Ranchern und Siedlern zu finden. Während des Vietnamkriegs wurde die Wünschelrute auch eingesetzt, um nach Tunneln und Waffen zu suchen.

Bis in die viktorianische Zeit hinein galt die Wünschelrute als eine natürliche Kunst. Nach der industriellen Revolution wurde sie unter anderen Praktiken wie der Kräutermedizin eingeordnet. Die Menschen begannen, die Gültigkeit dieser Praxis in Frage zu stellen oder anzuzweifeln, da sie nicht gerade wissenschaftlich war. Aber in den letzten Jahren haben die Menschen wieder begonnen, die Bedeutung solcher Praktiken zu erkennen und zu akzeptieren, dass nicht alles in einem Labor nachgewiesen werden kann.

Die Praxis der Wünschelrute hat sich über die Jahrhunderte gehalten. Viele Menschen nutzen sie noch immer für verschiedene Zwecke, und vermutlich wird diese Technik auch in absehbarer Zukunft überleben.

Verschiedene Arten von Wünschelruten

Obwohl sich dieses Buch in erster Linie auf die Verwendung von Pendeln konzentriert, kann die Wünschelrute auch andere Hilfsmittel verwenden.

Y-Ruten

Wenn Sie sich Filme ansehen, werden Sie sehen, dass die Wünschelrute mit einem Y-förmigen Stab verwendet wird. Diese Art von Wünschelrute ist ein gegabelter Stock, der zwischen 12 und 24 Zoll lang sein kann. Traditionell wurden diese Wünschelruten aus Holz hergestellt, aber die Menschen bevorzugen heute Y-Ruten aus Metall oder Kunststoff, da sie viel leichter zu halten sind. Dieses Werkzeug wurde in erster Linie verwendet, um beim Wünschelrutengehen ein Ja als Antwort zu erhalten.

L-Ruten

L-Ruten sind beliebter als Y-Ruten. Sie müssen beim Wünschelrutengehen zwei L-förmige Ruten verwenden. Halten Sie in jeder Hand eine Rute, wobei die langen Enden von Ihnen weg zeigen sollten. Sie können diese L-Ruten in einem Fachgeschäft für Wünschelruten oder online kaufen. Sie können diese L-Ruten auch selbst herstellen, indem Sie Kleiderbügel aus Draht biegen. Wenn Sie diese Ruten verwenden, müssen Sie sich genau überlegen, welches Objekt oder welche Person Sie suchen. Gehen Sie dabei weiter und lassen Sie die Stangen leicht nach unten zeigen. Beobachten Sie die Bewegung der Stäbe. Wenn sie in dieselbe Richtung zeigen, sollten Sie sich auch in diese Richtung bewegen. Die Stäbe zeigen in entgegengesetzte Richtungen, wenn sie ein Nein anzeigen wollen. Die L-Stäbe werden sich kreuzen, wenn Sie den Standort Ihres verlorenen Objekts gefunden haben.

Einhandruten

Das sind lange und flexible Stäbe oder Drähte. Einhandruten haben oft eine Spiralfeder an ihrem Ende, die der Benutzer festhalten kann. Möglicherweise befindet sich am anderen Ende auch ein Gewicht. Die Länge dieser Stäbe und die Feder ermöglichen es dem Stab, sich beim Gehen zu bewegen, ohne dass der Benutzer Einfluss auf seine Bewegung nehmen kann. Die Richtung, in die sich die Rute bewegt, wird Ihnen die Antwort geben.

Pendel

Dies sind wahrscheinlich die besten Wünschelruten, die Sie verwenden können. Die meisten Wünschelrutengänger bevorzugen Pendel gegenüber anderen Wünschelruten. Sie sind einfach zu benutzen, tragbar und sehr reaktionsfreudig, wenn sie richtig eingesetzt werden. Ein Pendel besteht aus einem gewichteten Gegenstand, der an einem Ende eines Drahtes, einer Kette oder einer Schnur hängt. Die Schwingung des Pendels zeigt die Antwort an, die es geben möchte. Der einzige Nachteil ist, dass Pendel etwas schwierig zu handhaben sind, wenn Sie gehen oder sich bewegen, aber Sie können sie verwenden, um Dinge mit Hilfe von Karten oder Schaubildern zu finden. Pendel können effektiv eingesetzt werden, um alle Arten von Dingen zu finden.

Verwendungszwecke für Pendel

Pendel können auf viele Arten verwendet werden:

1. Tarot-Lesen.
2. Beantwortung von Ja- oder Nein-Fragen.
3. Prüfen der Polarität.
4. Bei der Verwendung von Schaubildern.
5. Das Vorhandensein von negativen oder unerwünschten Energien erkennen.
6. Die Auswahl von Kristallen für die Heilung und den Chakrenausgleich.
7. Wahrsagen.
8. Das Auffinden verlorener Gegenstände oder Personen.

9. Die Entdeckung von Geistführern.
10. Das Treffen von Entscheidungen.
11. Das Verstehen synchronistischer Ereignisse.
12. Identifizierung von Resonanzfarben.
13. Überprüfung der Gültigkeit von Informationen oder Ratschlägen.
14. Überprüfen des Zustands der Chakren in Ihrem Körper oder im Körper einer anderen Person.
15. Die Suche nach einer Wasserquelle.
16. Die Auswahl von Orten für Rituale, Reisen oder den Bau von etwas.
17. Die Feststellung der Vertrauenswürdigkeit.
18. Die Heilung von Geist, Körper und Seele.
19. Verbesserung der Intuition.
20. Die Reinigung eines Raums oder eines Decks von Wahrsagekarten.

Kapitel 2: Wie Sie ein Pendel auswählen

Viele Menschen sind unsicher, wie sie das richtige Pendel auswählen sollen. Da es viele verschiedene Arten und Varianten von Pendeln gibt, ist dies verständlicherweise eine verwirrende Entscheidung.

Ihr Pendel auszuwählen macht Spaß, aber es ist auch ein kleines Ratespiel. Gibt es bestimmte Regeln, die Sie bei der Auswahl eines Pendels beachten sollten? Nun, die Antwort lautet: nicht wirklich, denn es ist eine sehr subjektive und persönliche Erfahrung.

Das Erste, worauf Sie achten müssen, ist, dass Sie sich von dem Pendel angezogen fühlen. Wenn Sie sich zu einem bestimmten Pendel hingezogen fühlen, sollten Sie es wählen. Diese Erfahrung ist bei jedem Menschen anders, so dass es unmöglich ist, ein bestimmtes Pendel generell als das richtige zu bezeichnen. Es gibt ein paar Anhaltspunkte, die Ihnen bei Ihrer Entscheidung helfen werden.

Eines der besten Pendel für den Anfang ist das einfache Dreieck oder das Tropfenpendel. Dies sind gut gewichtete Pendel, die eine moderate Größe haben und sich leicht drehen lassen. Ein weiterer Vorteil ist, dass sie nicht viel Geld kosten, allerdings ist dies vielleicht nicht das richtige Pendel für Sie. Sie müssen es ausprobieren und sehen, wie es sich anfühlt. Es ist wichtig, dass sich ein Pendel für Sie richtig anfühlt, damit es seine Wirkung entfalten kann.

Faktoren, die Sie bei der Auswahl eines Pendels berücksichtigen sollten

Form des Pendels

Es gibt viele verschiedene Formen von Pendeln. Einige sind eckig, während andere rund sind. Manche Pendel sind eine Mischung aus diesen Formen. Wenn Ihr Pendel rund ist, hat es mehr weibliche Energie. Dies gilt für alle runden Formen in der Natur. Zum Beispiel gelten runde Früchte wie Granatäpfel als weiblich. Wenn das Pendel eckig ist und eine quadratische oder rechteckige Form hat, hat es eher eine männliche Energie. Ein hoher Wolkenkratzer hat zum Beispiel eine männliche Energie im Vergleich zur gewölbten Decke einer Kathedrale, aber kein Pendel ist vollständig männlich oder weiblich.

Viele Menschen wählen ihr Pendel aufgrund seiner Ästhetik aus. Wenn Sie sich für ein Pendel aufgrund seiner Form entscheiden, geht es eher darum, was Sie intuitiv attraktiv finden. Es ist auch wichtig zu wissen, dass die Bewegung des Pendels durch seine Form beeinflusst wird. Ihr Pendel bewegt sich je nach der Position Ihrer Hand während des Pendelns. In der Regel ist es besser, wenn sich das Pendel während des Pendelns in perfekten Kreisen bewegt, also müssen Sie eine Form wählen und Ihre Hand entsprechend hoch halten. Viele Pendel wurden für bestimmte Zwecke entwickelt, aber im Allgemeinen können Sie jedes Pendel für jeden Zweck verwenden. Sie müssen sich nur darauf konzentrieren, ein Pendel zu finden, zu dem Sie sich hingezogen fühlen und das eine gleichmäßige Bewegung aufweist.

Gewicht des Pendels

Ein weiterer entscheidender Faktor bei der Wahl eines Pendels ist sein Gewicht. Wenn das Pendel schwer ist, brauchen Sie mehr Energie, um es zu bewegen. Diese schweren Pendel geben auch ein stärkeres Feedback. Ein leichteres Pendel lässt sich viel leichter bewegen, und seine Reaktionszeit ist im Vergleich geringer. Ein mittelschweres Pendel ist vielleicht eine gute Wahl dazwischen. Es bewegt sich weder zu langsam noch zu schnell, sondern mit der richtigen Geschwindigkeit entlang der Achse. Wenn das Pendel zu leicht ist, ist es nicht schwer genug, damit Sie beim Pendeln eine Verbindung spüren können. Das Problem bei einem schweren Pendel ist, dass Sie viel mehr Energie benötigen und aufmerksam sein müssen, um es unter Kontrolle zu halten. Es kann Ihnen oft aus der Hand fallen, während Sie damit meditieren, aber das hängt von Ihrer persönlichen Erfahrung ab.

Material des Pendels

Pendel können aus verschiedenen Materialien hergestellt sein. Welches ist also das beste für Sie? In der Regel sind sie entweder aus Holz, Kristall oder Messing gefertigt. Sie können mit jedem Material experimentieren, um herauszufinden, welches für Sie am besten geeignet ist.

Holz

Ein Holzpendel ist eine der Optionen, aus denen Sie wählen können. Diese Pendel sind in der Regel größer als Kristall- oder Messingpendel, aber ihr Gewicht ist in der Regel geringer. Die Energie eines Holzpendels ist neutral. Sie sind leicht abzulesen und reagieren ebenfalls gut. Da Holz ein langlebiges Material ist, ist dieses Pendel ebenfalls langlebig. Sie müssen ein Holzpendel nicht reinigen und Sie werden sehen, dass es vielseitig einsetzbar ist.

Messing

Ein Messingpendel ist langlebig und haltbar. Diese Pendel haben eine neutrale Energie und auch ein angemessenes Gewicht. Auch ihre Bewegung ist in der Regel gut. Da Messingpendel keine emotionale Energie des Trägers oder der Umgebung aufnehmen und speichern, müssen sie nicht gereinigt werden.

Kristall

Ein Kristallpendel ist im Vergleich zu einem Messingpendel zerbrechlich und leichter. Wenn Sie es fallen lassen oder gegen eine harte Oberfläche schlagen, kann es Risse bekommen oder die Spitze brechen, dafür sind diese Pendel aber reaktionsschneller und schneller. Jedes Kristallpendel hat seine eigene Art von Energie. Je nachdem, für welche Art von Kristall Sie sich entscheiden, wird das Pendel eine einzigartige Charakteristik haben. Rosenquarzpendel zum Beispiel sind gut für Beziehungen, da sie mit dem Herzchakra verbunden sind. Die Eigenschaften des jeweiligen Kristalls, aus dem Ihr Pendel gefertigt ist, bestimmen seine Wirkung. Kristallpendel wirken ähnlich wie Amulette, wenn sie wie ein persönlicher Gegenstand getragen werden. Sie werden oft sehen, dass Kristallpendel-Benutzer es um den Hals tragen oder es einfach mit sich herumtragen. Bei der Wahl eines Kristallpendels ist es wichtig, eines zu wählen, das mit Ihrer Persönlichkeit harmoniert.

Manche Kristalle sind für Sie nicht geeignet, aber für eine andere Person sind sie vielleicht genau richtig. Es gibt kein bestimmtes Pendel, das für jeden perfekt funktioniert. Kristalle können schlafend, aktiv oder tot sein. Wenn Sie einen Kristall in die Hand nehmen, müssen Sie darauf achten, ob Sie eine Verbindung zu ihm spüren. Wenn nicht, sollten Sie ihn ablegen und einen anderen ausprobieren. Anders als Messingpendel müssen Kristalle geklärt oder gereinigt werden, da sie Energie von ihrem Träger oder der Umgebung ansammeln.

Die Verwendung von mehr als einem Pendel

Sie können mehr als ein Pendel besitzen, wenn Sie möchten. Viele Menschen haben mehrere Pendel. Je nachdem, was Sie mit dem Pendel bezwecken wollen, werden Sie feststellen, dass bestimmte Pendel für eine bestimmte Aufgabe besser geeignet sind als andere. Es ist ähnlich wie bei einem Künstler, der beim Malen verschiedene Pinsel verwendet. Jeder Pinsel erfüllt seinen Zweck. Es wird für Sie von Vorteil sein, einige verschiedene Pendel für die unterschiedlichen Aufgaben zu besitzen, die Sie ausüben wollen.

Da Sie die Pendel in der Regel zusammen mit sich herumtragen, müssen Sie auch sehen, ob sie gut zusammenarbeiten. Wenn Sie bereits ein Pendel haben, testen Sie einige Pendel, um zu sehen, ob sie gut funktionieren. Tragen Sie das neue Pendel eine Zeit lang zusammen mit dem alten in Ihrer Tasche. Wenn die Ergebnisse nicht zu Ihrer Zufriedenheit sind, tauschen Sie das neue Pendel gegen ein anderes aus. Sie müssen herausfinden, was eine geeignete Ergänzung für Ihre Pendelsammlung ist. Zögern Sie nicht, Ihr Pendel auszutauschen, wenn Sie das Gefühl haben, dass es nicht so funktioniert, wie Sie es sich wünschen oder wie Sie es erwarten.

Für Anfänger eignen sich gute Pendel wie das einfache Dreieck, das einfache Tropfenpendel oder das konische Buchenholzpendel. Je mehr Sie mit Ihrem Pendel üben, desto mehr wachsen Ihre Fähigkeiten. Dabei werden Sie den Drang verspüren, nach dem ersten Pendel noch ein paar weitere auszuprobieren. Mit der Erfahrung werden Sie auch feststellen, dass bestimmte Aufgaben mit bestimmten Pendeln besser gelingen. Es gibt keine strengen Regeln, die Sie hier befolgen müssen. Hören Sie auf Ihre Intuition und lernen Sie aus der Erfahrung.

Die Auswahl der Pendel nach ihrem Verwendungszweck

Pendel sind sehr vielseitig und helfen bei der Bewusstseinserweiterung und dem persönlichen Wachstum. Es ist einfach, sie überall mit sich herumzutragen und sie können jederzeit für verschiedene Zwecke verwendet werden. Diese Pendel können aus verschiedenen Materialien wie Holz, Metallen oder Edelsteinen hergestellt sein. Das Material des Pendels verleiht ihm einzigartige Eigenschaften, die sich auf die Aufgabe auswirken, die Sie mit dem Pendel verrichten. Deshalb ist es wichtig, dass Sie sich vor der Auswahl eines Pendels Gedanken über Ihre primären Ziele machen. Wenn Sie sich mit den Eigenschaften der verschiedenen Materialien vertraut machen, können Sie das beste Pendel für Ihre Bedürfnisse auswählen.

Energieheilung

Wenn Sie ein Pendel für die Energieheilung verwenden möchten, wählen Sie Steine, die mit den Chakran verbunden sind. Verschiedene Kristalle sind in der Regel mit verschiedenen Chakran verbunden und helfen dabei, diese auszurichten oder Blockaden zu beseitigen. Kupfer ist auch ein gutes Material für Energieheilungspendel, da es die Heilenergie verstärken, leiten und ausgleichen kann.

Wahrsagerei

Ein Pendel für die Wahrsagerei muss in der Lage sein, höhere spirituelle Energien zu leiten und sie zu erhöhen. Idealerweise sollte es den Träger auch vor negativen Energien oder Schwingungen schützen. Ein klarer Quarzkristall ist eine der besseren Optionen für Wahrsagependel. Er kann Energie transformieren, leiten und verstärken.

Eine weitere leistungsstarke Option für diejenigen, die mit spiritueller Energie arbeiten möchten, ist ein Merkabah-Pendel. Diese helfen dabei, sich mit den Geistführern zu verbinden und den Träger mit seinem höheren Selbst zu verbinden. Es ist ein multidimensionaler Träger, der als Bindeglied zwischen den Dimensionen fungieren kann und der den Besitzer auch schützt, wenn er sich in einem veränderten Bewusstseinszustand befindet. Das Merkabah ist auch dafür bekannt, dass es beide Gehirnhälften miteinander verbindet. Dadurch wird die Person kreativer und vielseitiger, und ihre Fähigkeit, Probleme zu lösen, wird ebenfalls verbessert.

Indisches Rosenholz oder Sheesham wird mit dem göttlichen Weiblichen assoziiert. Es wird mit Mitgefühl und dem Herzchakra in Verbindung gebracht. Ein Sheesham-Pendel ist eine ausgezeichnete Wahl, wenn Sie meditieren, um ihr inneres Selbst zu entwickeln oder wenn Sie mit Hindernissen zu kämpfen haben. Dieses Material wird für die Herstellung von Gebetsperlen für buddhistische Mönche verwendet, da es heilende Eigenschaften besitzt.

Was auch immer Ihr Zweck oder Ihr Bedürfnis sein mag, es gibt sicher ein Pendel, das für Sie geeignet ist. Sie müssen es nur ausprobieren und das beste Pendel für Sie finden.

Sich mit dem Pendel verbinden

Sobald Sie sich für ein Pendel entschieden haben, müssen Sie eine Beziehung zu ihm aufbauen. Wie jedes Hilfsmittel zur Wahrsagerei wird auch Ihr Pendel am besten funktionieren und Ihnen bessere Vorhersagen oder Deutungen liefern, wenn Sie sich mit ihm verbinden. Es gibt verschiedene Möglichkeiten, wie Sie sich mit verschiedenen Pendeln verbinden können.

Sie können das Pendel zum Beispiel überallhin mitnehmen, wo Sie hingehen. Dies ist eine der einfachsten Möglichkeiten, eine Bindung zum Pendel herzustellen. Zu diesem Zweck können Sie einen speziellen Beutel besorgen, der das Pendel vor jeglicher negativer Energie schützt. Wenn Sie das Pendel mit sich herumtragen, kommt es in Kontakt mit anderen Menschen und der Umwelt, und bestimmte Pendel neigen dazu, alle Arten von Energie aus ihrer Umgebung zu absorbieren. Um die Unantastbarkeit Ihres Pendels zu schützen, müssen Sie es vor solcher Energie bewahren.

Eine weitere Möglichkeit, eine Beziehung zu Ihrem Pendel aufzubauen, besteht darin, sich von ihm leiten zu lassen. Wenn Sie dies tun, haben Sie Zeit mit dem Pendel und zeigen ein hohes Maß an Vertrauen in das gewählte Werkzeug. Es zeigt Ihrem Pendel, dass Sie ihm vertrauen, dass es Sie zu einem bestimmten Ort oder zu dem, was Sie suchen, führen kann.

Mit Ihrem Pendel zu meditieren ist eine der besten Möglichkeiten, sich mit ihm zu verbinden. Konzentrieren Sie sich auf das Pendel und seine Fähigkeit, als Wegweiser und Instrument zu fungieren, um Sie zu heilen oder Ihnen zu helfen, wenn Sie es brauchen. Es empfiehlt sich, vor einer Wahrsagesitzung oder einer längeren Lesung mit Ihrem Pendel zu meditieren.

Je stärker Sie mit Ihrem Pendel verbunden sind, desto effektiver wird es sein.

Kapitel 3: Vorbereitungen für die Verwendung des Pendels

Wahrsagerei ermöglicht es Ihnen, Einsicht in bestimmte Dinge zu gewinnen. Wenn Sie ein Pendel zum Wahrsagen verwenden, kann es Ihnen auf verschiedene Weise helfen. Sie können es verwenden, um Antworten auf bestimmte Fragen zu erhalten, oder Sie können es verwenden, um Entscheidungen zu treffen, die Sie alleine nur schwer treffen können. Anstelle einer genauen Wahrsagung können Sie sich auf das Pendel verlassen, um mögliche Ergebnisse für Ihre Entscheidungen oder Wahlmöglichkeiten zu sehen. Sie sollten die Wahrsagerei vielmehr mit der Absicht angehen, geistige Klarheit und Führung durch höhere Mächte zu erlangen.

Ein Wünschelruten-Pendel hilft Ihnen, materielle und geistige Einsichten zu gewinnen. In früheren Zeiten wurden diese Wünschelruten-Pendel benutzt, um verborgene Dinge unter der Erde zu finden, wie Wasser oder Mineralien. Sie können mit Ihrem Pendel aber noch viel mehr tun.

Aber bevor Sie ein Pendel benutzen, müssen Sie es auf eine bestimmte Weise vorbereiten. Es geht nicht nur darum, ein Pendel in die Hand zu nehmen, ihm eine Frage zu stellen und darauf zu warten, dass es Ihnen alle Antworten des Lebens gibt. Wenn es nur so einfach wäre.

Hier finden Sie Tipps, die Ihnen den Einstieg in die Pendeldeutung erleichtern werden:

Das richtige Pendel finden

Es gibt kein bestimmtes Pendel, das für jeden perfekt funktioniert. Denken Sie darüber nach, welche Art von Pendel Sie für sich selbst wünschen. Wenn Sie in späteren Kapiteln mehr über die verschiedenen Arten von Pendeln und die Eigenschaften von Kristallen erfahren, können Sie dieses Wissen nutzen, um ein geeignetes Pendel auszuwählen. Vielleicht gibt es einen bestimmten Stein, mit dem Sie harmonieren. Wenn Sie in ein Geschäft gehen, um ein Pendel zu kaufen, nutzen Sie die Gelegenheit, jedes Pendel in Ihrer Hand auszuprobieren. Suchen Sie sich das Pendel aus, das Sie anspricht oder das Ihnen ins Auge sticht. Halten Sie es dann in der Hand und sehen Sie, ob Sie eine Verbindung zu ihm spüren. Sie werden merken, wenn ein Stein mit Ihnen interagiert. Wenn Sie nichts spüren, nehmen Sie einfach ein anderes und machen Sie so weiter, bis Sie Ihr bevorzugtes Pendel gefunden haben. Beginnen Sie mit dem Kauf eines Pendels für den allgemeinen Gebrauch und üben Sie mit ihm. Später können Sie ein paar weitere Pendel erwerben, je nachdem, was Sie damit machen wollen. Wenn Sie keine Möglichkeit haben, ein Pendel zu kaufen, können Sie sich auch selbst eines basteln, um es eine Weile zu benutzen. Binden Sie einfach einen mäßig schweren Gegenstand an das Ende einer Schnur, und schon haben Sie ein Pendel.

Sobald Sie ein Pendel haben, müssen Sie es reinigen. Fangen Sie nicht sofort an, ein Pendel zu benutzen, nachdem Sie es erstanden haben. Es ist wichtig, jegliche Restenergie loszuwerden. Steine neigen dazu, Energie von allen Menschen, die sie halten, oder von ihrer Umgebung aufzunehmen. Benutzen Sie das Pendel erst, wenn Sie sicher sind, dass es frei von Restenergie anderer ist. Reinigen Sie Ihr Pendel auf eine der in diesem Abschnitt genannten Arten und laden Sie es anschließend mit positiver Energie auf, bevor Sie es benutzen.

Arbeiten Sie daran, eine Beziehung zu Ihrem Pendel aufzubauen. Es ist ganz einfach, eine Beziehung zu Ihrem Pendel herzustellen, und das sollten Sie auch tun, wenn Sie möchten, dass das Pendel besser für Sie arbeitet. Je mehr Zeit Sie sich dafür nehmen, desto leichter wird es Ihnen fallen, die Botschaft Ihres Pendels während der Benutzung zu verstehen.

Hier ist eine Möglichkeit, wie Sie die Sprache Ihres Pendels lernen und sich darauf einstimmen können:

1. Halten Sie das Pendel mit Ihrer dominanten Hand und lassen Sie den Stein ein paar Zentimeter über der Handfläche Ihrer anderen Hand schweben.
2. Atmen Sie nun ein paar Mal tief durch. Lassen Sie zu, dass Sie sich zentriert fühlen.
3. Rufen Sie die höheren Mächte an, damit sie Sie führen und unterstützen.
4. Beginnen Sie nun, dem Pendel Fragen zu stellen, damit Sie lernen, wie es in Zukunft zu Ihnen sprechen wird. Bitten Sie Ihr Pendel, Ihnen eine Ja-Bewegung zu zeigen. Warten Sie nun einfach und beobachten Sie, wie das Pendel schwingt. Schreiben Sie es auf. Bitten Sie das Pendel dann, Ihnen eine Nein-Bewegung zu zeigen und notieren Sie die ebenfalls. Sie wissen nun, wie sich das Pendel bewegen wird, wenn Sie ihm eine Frage stellen, die mit Ja oder Nein beantwortet werden muss. Bitten Sie das Pendel dann, Ihnen eine Vielleicht-Bewegung zu zeigen und beobachten Sie auch diese Reaktion. Danken Sie dem Pendel und fahren Sie mit dem nächsten Schritt fort.
5. Sie können dem Pendel auch ein paar Fragen stellen, auf die Sie die Antwort bereits kennen. Wenn Sie zum Beispiel braune Augen haben, fragen Sie das Pendel, ob Ihre Augen braun sind. So können Sie beobachten, wie sich das Pendel bewegt und ein Ja anzeigt. Auf ähnliche Weise können Sie eine andere Frage stellen, um ein Nein anzuzeigen. Wenn Sie diese Methode anwenden, stellen Sie einfach klare und objektive Fragen.
6. Nun können Sie beginnen, Ihrem Pendel weitere Fragen zu stellen. Setzen Sie sich ruhig und in einer bequemen Position hin und fangen Sie an, es auszuprobieren. Da Sie das Pendel an einer Schnur halten müssen, stützen Sie den Ellbogen der verwendeten Hand ab, damit es keine zusätzliche Bewegung gibt. Das gibt Ihnen mehr Stabilität und hilft Ihnen, das Pendel so zu halten, dass es sich aus eigenem Antrieb bewegen kann. Stellen Sie dem Pendel Fragen, auf die Sie klare Antworten erhalten können. Formulieren Sie dazu Ihre Fragen auf einfache Weise. Dabei kann es sich um alles Mögliche handeln, von Beziehungen

über finanzielle Fragen bis hin zu tiefer gehenden spirituellen Themen.

7. Denken Sie daran, Ihr Pendel mit Bedacht einzusetzen. Wahrsagewerkzeuge sollten nicht missbraucht werden. Verwenden Sie das Pendel mit Umsicht und aus den richtigen Gründen. Wenn Sie sich in einem geistig unausgeglichenen Zustand befinden oder sehr emotional sind, sollten Sie das Pendel nicht benutzen. Sie können das Pendel einfach bitten, Ihnen zu sagen, ob Sie in der richtigen Geistesverfassung sind, um mit dem Pendeln fortzufahren. Vertrauen Sie auf Ihr Pendel und folgen Sie seiner Führung.

8. Pendel sollten nicht als Alternative zu Medikamenten verwendet werden. Wenn Sie krank sind oder aus irgendeinem Grund medizinische Hilfe benötigen, können Pendel oder andere Wahrsagegeräte diese nicht ersetzen. Sie können Pendel nur als zusätzliches Hilfsmittel zu Ihrem Nutzen einsetzen. Gefährden Sie nicht Ihre Gesundheit oder Ihr Wohlbefinden, indem Sie sich vollständig auf Pendel oder andere Formen der Wahrsagerei verlassen.

9. Wenn Sie mit dem Pendel arbeiten, tun Sie es für sich selbst. Führen Sie keine Anwendung für jemand anderen durch, es sei denn, Sie haben dessen Erlaubnis oder er bittet Sie, es zu tun. Es ist auch wichtig zu überlegen, ob Sie genug Erfahrung haben, um das Ganze für jemand anderen zu tun. Sammeln Sie zunächst selbst mehr Erfahrung und bieten Sie dann an, jemand anderem mit dem Pendel zu helfen oder ihn zu heilen.

10. Halten Sie Ihren Geist offen und unvoreingenommen, wenn Sie ein Pendel benutzen wollen. Wenn Sie eine Frage in der Annahme stellen, dass Sie die Antwort bereits kennen, beeinflussen Sie wahrscheinlich die Antworten, die Ihnen das Pendel gibt.

Obwohl die Pendelrute hilfreich ist, sollten Sie sich nicht zu sehr auf sie verlassen. Sie sollten sich nicht darauf verlassen, dass Ihr Pendel alle Ihre Entscheidungen trifft. Es hindert Sie daran, die Verantwortung für Ihre Entscheidungen zu übernehmen und beeinträchtigt Ihre Fähigkeit, Entscheidungen zu treffen. Sie können die Ausrede des Pendelns nicht benutzen, um sich vor der Verantwortung für Ihre Entscheidungen zu drücken. Das Pendel wird zwar Ihre Fragen beantworten, aber es ist nur ein Wegweiser, und die endgültigen Entscheidungen liegen immer in Ihrer Hand.

Meditieren Sie, um Ihren Körper und Geist zu beruhigen

Es ist wichtig, dass Sie die Arbeit mit dem Pendel mit einem klaren und ruhigen Geist beginnen. Beginnen Sie eine Sitzung nicht, wenn Sie emotional aufgewühlt sind. Dies wird sich auf den Prozess und das Ergebnis auswirken. Sie können mit Hilfe von Meditation diesen ruhigen Zustand erreichen. Wenn Sie bei der Verwendung des Pendels losgelöst, ruhig und unemotional bleiben können, ist es sehr viel wahrscheinlicher, dass Sie genaue Ergebnisse oder das gewünschte Resultat mit Ihrem Pendel erhalten. Im Folgenden erklären wir Ihnen, wie Sie meditieren können, um den idealen Zustand von Geist und Körper zu erreichen, bevor Sie das Pendel benutzen.

Wenn Sie sich im Laufe Ihres Tages nur eine Minute Zeit nehmen, um innezuhalten und ein paar Tiefenatmungen durchzuführen, werden Sie feststellen, dass es Ihnen hilft, sich leichter und ruhiger zu fühlen. Diese wenigen Sekunden des bewussten Atmens sind eine Art von Meditation. Nehmen Sie sich zwischen den anderen Dingen des Tages die Zeit, sich einfach aufrecht hinzusetzen und ein paar tiefe Atemzüge in den Bauch zu nehmen. Tun Sie dies langsam für eine Minute und bemerken Sie, wie Sie sich sofort ein wenig weniger gestresst fühlen. Diese Art von Mini-Meditationsübung ist sehr nützlich.

Viele Menschen schrecken vor der Meditation zurück, weil sie denken, dass sie zu viel Zeit in Anspruch nimmt oder weil sie sie langweilig finden. Sie stellen sich eine formelle Meditationssitzung vor, bei der sie wahrscheinlich 30-40 Minuten lang stillsitzen müssen, aber das ist nicht die einzige Art zu meditieren. Womit Sie beginnen müssen, ist die Achtsamkeitsmeditation, und die beinhaltet nicht die Art von langen und intensiven Sitzungen, die Sie fürchten.

Bei der Achtsamkeitsmeditation können Sie alle Emotionen und Gedanken an sich vorbeiziehen lassen, anstatt sich auf sie zu konzentrieren und zu viel über sie nachzudenken. Stattdessen lenken Sie Ihre Aufmerksamkeit immer wieder auf Ihren Atem zurück. Diese Praxis lehrt Sie, mehr in der Gegenwart zu sein, anstatt sich über die Vergangenheit oder sogar die unmittelbare Zukunft zu sorgen. In den letzten Jahren ist die Achtsamkeitsmeditation zunehmend beliebter geworden, obwohl das Konzept schon recht alt ist. Es gibt viele Beweise dafür, wie vorteilhaft diese Praxis ist. Deshalb empfehlen wir, dass auch Sie mit der Achtsamkeitsmeditation beginnen. Sie wird Ihnen helfen, Ihr geistiges und körperliches Wohlbefinden zu verbessern. Verschiedenen Studien zufolge stärkt sie Ihr Immunsystem, verbessert die Herzgesundheit, reduziert den Stresspegel und senkt den Blutdruck. Achtsamkeitsmeditation wird Ihnen helfen, sich zu entspannen und sich so zu regenerieren, wie es auch im Urlaub der Fall ist.

Sie sollten sich bemühen, eine regelmäßige Meditationspraxis zu etablieren, damit sich all diese Vorteile langfristig manifestieren. Sie müssen nicht lange meditieren, wenn Sie es nicht wollen. Nehmen Sie sich einfach so viel Zeit, wie Sie glauben, dass Sie schaffen können. Ein paar Minuten Achtsamkeitsmeditation am Morgen, vor dem Schlafengehen oder kurz vor Ihren Pendelruten-Sitzungen werden einen großen Unterschied machen. Es ist ganz einfach, solche Mini-Meditationssitzungen in Ihren Tag einzubauen. Je mehr Sie meditieren, desto leichter fällt es Ihnen, die Meditation täglich fortzusetzen, und desto länger wird der Nutzen anhalten.

Unabhängig davon, wie lange Sie die Meditation praktizieren wollen, ist es wichtig, dass Sie zunächst lernen, achtsam zu sein. Sie müssen präsent und vorurteilsfrei sein. Ihre Haltung gegenüber Ihrer inneren Erfahrung sollte von Mitgefühl geprägt sein.

Wie man Achtsamkeitsmeditation praktiziert

Tiefenatmung

Atmen Sie einmal tief ein, halten Sie den Atem an und lassen Sie die Luft ausströmen. Machen Sie dies ein paar Mal. Dies ist eine einfache Mini-Meditationsübung, die Sie überall durchführen können. Sie können dies bei der Arbeit, in Ihrem Schlafzimmer oder sogar während eines Fluges tun. Wenn Sie ein paar Mal tief durchatmen, befindet sich Ihr Körper nicht mehr im Zustand von Kampf oder Flucht. Stattdessen wechselt er in den Ruhemodus und beruhigt sich wieder. Die Tiefenatmung verlangsamt Ihren Herzschlag, senkt den Blutdruck und macht Sie weniger ängstlich. Sie hilft Ihnen, in jeder Situation das Gefühl der Kontrolle wiederzuerlangen. Eine bewusste Tiefenatmung ist hilfreich, egal für welche Art von Mini-Meditation Sie sich entscheiden.

Die Reaktion Ihres Körpers

Achten Sie darauf, wie Ihr Körper reagiert, wenn Sie gestresst sind. Haben Sie das Gefühl, dass sich Ihr Herzschlag stark beschleunigt hat? Gehen Ihnen viele Gedanken durch den Kopf? Haben Sie Ihre Fäuste geballt? Wenn Sie eines dieser Dinge bemerken, bedeutet dies, dass Sie gestresst sind und Ihr Körper darauf reagiert. Selbst wenn Sie diese Anzeichen nur zur Kenntnis nehmen und sich eingestehen, dass Sie gestresst sind, werden Sie sich ein wenig besser fühlen, weil Sie erkennen, dass Sie etwas gegen Ihre Gefühle tun können. Das Einfachste wäre eine Mini-Meditation in Form einer Tiefenatmung für ein paar Minuten.

Benennen Sie Ihre Emotionen

Achten Sie darauf, wie Sie sich fühlen und geben Sie diesen Gefühlen einen Namen. Fühlen Sie sich ängstlich? Ist es Wut? Sind Sie gestresst? Wenn Sie Ihren Gefühlen einen Namen geben können, scheint dies eine beruhigende Wirkung zu haben. Es regt die Aktivität in dem Teil Ihres Gehirns an, der für das Denken zuständig ist, anstatt Ihr Gehirn zu belasten.

Meditation mit offenen Augen

Sie müssen nicht bei jeder Meditationssitzung Ihre Augen schließen. Machen Sie eine Mini-Meditation mit offenen Augen. Diese Art der Meditation wird normalerweise nicht mit der Absicht durchgeführt, Ihnen beim Schlafen zu helfen oder einen höheren Bewusstseinszustand zu erreichen. Stattdessen fördert sie die Wachsamkeit in Ihnen. Wenn Sie beim Meditieren Ihre Augen öffnen, fühlen Sie sich präsenter. Sie sind offener für das, was in diesem Moment geschieht. Diese besondere Methode ist nützlich, wenn Sie meditieren möchten, ohne dass jemand anderes weiß, dass Sie still meditieren. Wählen Sie einen Bezugspunkt und konzentrieren Sie die Augen darauf, während Sie atmen.

Üben Sie achtsames Mitgefühl mit sich selbst

Es kommt häufig vor, dass wir uns plötzlich Situationen ausmalen, die uns ängstlich oder gestresst machen. Wenn Sie bemerken, dass Sie dies tun, versetzen Sie sich zurück in die Gegenwart und sprechen Sie freundlich mit sich selbst. Ermutigen Sie sich selbst, damit Sie sich wieder ruhig und besänftigt fühlen. Durch Selbstmitgefühl wird sich Ihr aufgewühlter Geist besser fühlen.

Verrichten Sie Aktivitäten mit Achtsamkeit

Sie können Achtsamkeit bei jeder Aktivität üben. Das kann bei einem Spaziergang sein oder auch während Sie mit einem Freund sprechen. Zwingen Sie sich dazu, sich auf den gegenwärtigen Moment zu konzentrieren. Die meisten Menschen schaffen es nicht, sich ganz auf die Gegenwart zu konzentrieren.

Lassen Sie Ihre Gedanken vorbeiziehen

Wenn Sie einen Gedanken haben, fangen Sie in der Regel an, mehr darüber nachzudenken und vertiefen ihn mehr als nötig. Das ist in der Regel nicht von Vorteil für Sie. Es ist besser, Ihre Gedanken einfach zu beobachten und sie vorbeiziehen zu lassen. Wenn Sie Ihren Gedanken auf eine distanziertere Art und Weise Aufmerksamkeit schenken, werden Sie eine Menge über sich selbst und Ihr Leben lernen. Sie werden bemerken, welche Dinge Sie beunruhigen, was Sie schätzen und was Sie brauchen. Sie werden auch feststellen, dass einige Dinge Sie viel häufiger beschäftigen als andere.

Außerdem werden Sie erkennen, dass sich Ihre Gedanken und Gefühle mit der Zeit verändern oder weiterentwickeln. Es ist nicht notwendig, dass Sie sich mit allen Gedanken beschäftigen, die Ihnen durch den Kopf gehen. Es genügt, sie zur Kenntnis zu nehmen und sie mit den Augen eines Beobachters zu betrachten. Wenn Sie immer wieder zu viel nachdenken, schadet das mehr als es guttut. Es wird Sie auch daran hindern, sich auf die Gegenwart und die Aufgaben zu konzentrieren, die Sie gerade erledigen. Diese Übung hilft Ihnen, sich auf den Vorgang des Pendelns zu konzentrieren, anstatt an andere Dinge zu denken. Außerdem hilft sie Ihnen, das Ergebnis nicht durch Ihr Unterbewusstsein zu manipulieren.

Lächeln

Bemühen Sie sich bewusst, jederzeit ein wenig zu lächeln. Haben Sie schon einmal die Statuen von Buddha beim Meditieren gesehen? Sie werden sehen, dass er immer ein halbes Lächeln im Gesicht zu haben scheint. Wenn Sie lächeln, scheint sich Ihr Geist automatisch ein wenig zu entspannen. Sie können Ihrem Geist und Ihrem Körper Gutes tun, wenn Sie jeden Tag ein wenig mehr lächeln. Manche Menschen nutzen sogar die Lachmeditation, um sich zu entspannen.

Rezitieren Sie ein Mantra oder ein Gebet

Worte haben immense Macht über Ihren Geist und Körper. Sie können ein Mantra, ein Motto oder ein Gebet zum Meditieren verwenden. Es könnte eine Phrase sein, die für Sie eine tiefe Bedeutung hat. Es könnte ein Gebet an die höheren Mächte sein, an die Sie glauben. Es könnte auch ein Mantra sein, das Sie gelernt haben. Wenn Sie es ein paar Mal wiederholen, werden Sie sich ruhiger und gelassener in den verschiedensten Situationen fühlen. Diese Worte werden Sie beruhigen.

Üben Sie sich in Dankbarkeit

Anstatt sich auf alles zu konzentrieren, was in Ihrem Leben schiefläuft oder schieflaufen könnte, konzentrieren Sie sich auf das Gute. Nehmen Sie sich ein paar Sekunden Zeit, um darüber nachzudenken, wofür Sie in Ihrem Leben dankbar sein sollten. Das kann alles sein, vom Essen auf dem Tisch bis hin zu einem Ziel, das Sie im letzten Jahr erreicht haben. Dankbarkeit zu praktizieren ist eine großartige Möglichkeit, Stabilität und Freude in Ihren Geist zu bringen.

Alle oben genannten Methoden sind einfache Wege, um zu meditieren, auch wenn es vielleicht nicht so aussieht. Versuchen Sie, eine dieser Praktiken in Ihr tägliches Leben einzubauen und beobachten Sie, welche Auswirkungen sie insbesondere auf Ihr geistiges Wohlbefinden haben. Diese Mini-Meditationen sind auch eine gute Möglichkeit, um Ihren Geist zu beruhigen, bevor Sie ein Pendel benutzen. Je mehr Sie sie praktizieren, desto leichter wird es Ihnen fallen, achtsam mit allem umzugehen, was Sie im Leben tun. Regelmäßige Meditation befreit Ihren Geist von negativen oder unnötigen Gedanken und ermöglicht es Ihnen stattdessen, Ihr Gleichgewicht zu finden.

Nehmen Sie sich also eine Minute oder mehr Zeit, um ein wenig zu meditieren, bevor Sie eine Sitzung mit Ihrem Pendel beginnen, egal zu welchem Zweck.

Reinigen Sie Ihr Pendel und Ihre Steine

Ein wichtiger Bestandteil der Verwendung von Pendeln ist die Reinigung. Sie müssen das Pendel, die Steine oder andere Wahrsagegeräte, die Sie verwenden, regelmäßig reinigen. Diese Gegenstände neigen dazu, die Energie des Trägers oder Benutzers, seiner Umgebung und der Menschen in seiner Nähe anzusammeln. Wenn Sie das Pendel und andere Hilfsmittel von dieser negativen Energie befreien, stellen Sie sicher, dass sie optimal funktionieren und keine negativen Auswirkungen auf den Benutzer haben.

Wenn Sie das Pendel schon eine Weile benutzen oder gerade erst damit begonnen haben, werden Sie feststellen, dass das Pendel manchmal unregelmäßig arbeitet oder sich nur langsam bewegt. Einer der möglichen Gründe für diese Art von Verhalten des Pendels ist, dass es gereinigt werden muss.

Pendel können aus Stein, Kristallen und anderen Edelsteinen hergestellt sein. All diese Materialien absorbieren jede Energie, die sich in ihrer Nähe befindet. Da sie Energie absorbieren, halten sie diese auch fest. Solange Sie den Kristall oder Stein nicht gereinigt haben, wird die absorbierte Energie in ihm bleiben. Um die besten Ergebnisse mit dem Pendel zu erzielen, müssen Sie sicherstellen, dass es nur mit Ihrer eigenen Energie oder einer anderen Energie arbeitet, mit der Sie es zu arbeiten beabsichtigen. Sie müssen die Pendel, mit denen Sie arbeiten, nicht ständig reinigen, aber es ist wichtig, dass Sie eine Reinigung vornehmen, wenn Sie sie zum ersten Mal erwerben. Möglicherweise sind sie durch die Hände vieler Menschen gegangen und haben deren Energie absorbiert. Wenn Sie ein Pendel als Ihr eigenes beanspruchen, reinigen Sie es von dieser Energie, und erst dann können Sie damit arbeiten.

Kristalle und Natursteine nehmen in der Regel die meisten Energien auf, denen sie begegnen, und speichern sie in sich. Dabei kann es sich um positive und negative Energie handeln. Ein großer Teil der Energie in einem Pendel wird Ihnen zwar helfen, aber zu viel negative Energie ist nicht hilfreich. Diese Art der Ansammlung von negativer Energie verhindert, dass das Pendel sein volles Potenzial entfalten kann. Die regelmäßige Reinigung von Kristallen, Heilsteinen oder Pendeln wird dringend empfohlen.

Es gibt viele verschiedene Möglichkeiten, wie Sie die Energie dieser Wahrsageinstrumente reinigen können. Im Folgenden werden wir nur einige bewährte Methoden auflisten, die für die meisten Arten von Steinen und sogar für Sterlingsilber geeignet sind. Wenn Sie nach Informationen zur Energiereinigung suchen, werden Sie feststellen, dass viele Quellen die Verwendung von Meersalzen und Flüssigkeiten empfehlen. Die Verwendung dieser Mittel kann Sterlingsilber und einige bestimmte Steinarten angreifen. Stattdessen können Sie sich für eine der folgenden sichereren Methoden entscheiden, die wir für die Energiereinigung empfehlen.

Räuchern

Sie können Räucherstäbchen kaufen, die leicht online oder in Geschäften erhältlich sind, die Hilfsmittel für die Weissagung verkaufen. Wählen Sie ein Räucherstäbchen aus Kräutern wie weißem Salbei oder Zedernholz. Zünden Sie das Räucherstäbchen an und blasen Sie die Flamme aus. Halten Sie nun Ihr Pendel oder andere Steine über den Rauch, der von dem Räucherstäbchen ausgeht. Führen Sie das Pendel ein paar Mal durch den duftenden Rauch. Dies ist eine einfache Methode zur Energiereinigung.

Energie-Reinigungsset

Sie können ein speziell für die Energiereinigung hergestelltes Set kaufen. Diese werden in der Regel mit einer ausführlichen Anleitung geliefert und enthalten einen Reinigungsstein oder ein anderes Hilfsmittel, das Ihnen dabei hilft, Ihr Ziel zu erreichen.

Brauner Reis

Nehmen Sie eine kleine Schüssel und füllen Sie sie mit trockenen braunen Reiskörnern. Verwenden Sie besser runde statt langer Körner. Tauchen Sie nun Ihren Stein oder Ihr Pendel in den Reis ein. Lassen Sie ihn dort ein oder zwei Tage lang ruhen. Der Reis wird die unerwünschten Energien des Pendels absorbieren und den Stein reinigen. Nachdem Sie das Pendel herausgenommen haben, sollten Sie den Reis wegwerfen. Verzehren Sie den Reis nicht, da er jetzt negative Energie enthält, die sonst von Ihrem Körper aufgenommen wird.

Andere Kristalle

Bestimmte Kristalle können andere Kristalle reinigen. Einige starke Reinigungskristalle sind Citrin, Selenit, Amethyst und Karneol. Nehmen Sie Ihr Pendel oder Ihren Kristall und legen Sie ihn in einen Beutel mit Citrin-Kristallen. Halten Sie diesen Beutel geschlossen und lassen Sie ihn einen Tag lang ungestört liegen. Sie können dies mit jedem der Reinigungskristalle tun. Sie werden die negativen Energien von Ihrem Pendel absorbieren.

Sonnenlicht

Das Sonnenlicht ist ein weiteres reinigendes Element, das Sie nutzen können. Nicht nur das Mondlicht ist ein großartiges Reinigungsmittel, sondern auch die Sonne. Die kraftvolle Energie des Sonnenlichts wird Ihre Kristalle zu ihrem vollen Potenzial aufladen. Die Sonnenenergie ist im Vergleich zur weiblichen Energie des Mondes eher männlich.

Deshalb eignet sie sich eher zum Programmieren als zum Reinigen, aber Sie können Ihre Kristalle trotzdem unter direktes Sonnenlicht legen, um sie zu reinigen und zu programmieren. Wenn Sie Ihre Kristalle für ein größeres Ziel verwenden möchten, wird die Energie der Sonne Ihnen helfen, Ihren Bemühungen Schwung zu verleihen. Legen Sie Ihren Kristall oder Ihr Pendel am Morgen oder in den späten Nachmittagsstunden einfach in die Sonne, um sich zu sonnen. Etwa 3-4 Stunden reichen aus, um die Reinigung zu vollziehen. Kristalle wie Amethyst und Fluorit verlieren unter direktem Sonnenlicht ihre Farbe und sollten mit einer anderen Methode gereinigt werden. Vermeiden Sie außerdem, Ihr Pendel bei zu heißem Wetter oder um die Mittagszeit draußen zu platzieren.

Mondlicht

Eine der reinsten Möglichkeiten, Kristalle zu reinigen, ist die Verwendung von Mondlicht. Die Energie des Mondes hat eine stark reinigende Wirkung und kann Ihre Kristalle von allen unerwünschten Energien befreien. Die Energie des Mondes lädt die Kristalle nach der Reinigung außerdem mit zusätzlicher Vitalität auf. Legen Sie die Kristalle an einen Ort, an dem sie direkt vom Mond angestrahlt werden und lassen Sie sie über Nacht dort. Am effektivsten ist es, dies bei Neumond oder Vollmond zu tun. In diesen Nächten hat das Mondlicht sehr starke Frequenzen, die Ihren Kristallen zugutekommen werden. Die weibliche Energie des Mondes hilft auch bei der emotionalen und spirituellen Heilung dieser Kristalle. Genau wie das Sonnenlicht können Sie auch das Mondlicht für die Reinigung Ihrer Kristalle verwenden, wobei das Mondlicht für alle Kristalle geeignet ist und keine Einschränkungen wie das Sonnenlicht hat. Warten Sie auf den Vollmond und legen Sie Ihr Pendel oder Ihre Kristalle in eine Schale in der Nähe eines Fensters, in das das Mondlicht einfallen kann. Lassen Sie sie über Nacht in Ruhe, und Sie können sie am nächsten Morgen wieder benutzen.

Kristall-Cluster

Wenn Sie einen Kristallcluster aus Citrin, Karneol, Amethyst oder anderen reinigenden Kristallen haben, können Sie Ihr Pendel in dessen Mitte legen und es einige Stunden lang ruhen lassen. Der Cluster wird in dieser Zeit zur Reinigung des Pendels beitragen und ist wirkungsvoller als ein einzelner Kristall.

Visualisierung

Sie können Ihr Pendel auch reinigen, indem Sie ein reinigendes Licht visualisieren. Halten Sie das Pendel vor sich oder in Ihren Händen, wenn Sie diese Reinigung durchführen. Stellen Sie sich nun vor, dass ein wunderschönes weißes Licht das Pendel umgibt und durch es hindurchgeht, während es gereinigt wird. Stellen Sie sich vor, dass dieses heilende Licht den ganzen Stein durchspült.

Erde

Dieses Element ist eine weitere gute Möglichkeit, Ihre Kristalle von Restenergien zu befreien. Vergraben Sie Ihren Kristall einfach unter etwas Erde und lassen Sie zu, dass die alten Energien im Kristall freigesetzt werden. Vertrauen Sie auf Ihre Intuition, die Ihnen sagt, wie lange Sie den Kristall vergraben lassen sollten. Es können drei oder sogar elf Tage sein.

Wasser

Wasser hat eine starke Energie und kann für alle Arten von Ritualen verwendet werden. Die Energien von Wasser und Kristallen sind freundschaftlich. Sie können Ihren Kristall unter Wasser halten, während Sie ihn reinigen. Es ist ideal, dies im Meer oder unter einer reinen Quelle zu tun. Während Sie den Kristall unter Wasser halten, stellen Sie sich vor, dass der Kristall in seinen natürlichen Zustand zurückkehrt, während das Wasser alle Störungen abwäscht. Sie können auch Meersalz mit Wasser über den Stein reiben und ihn so reinigen, aber es ist wichtig zu beachten, dass bestimmte Kristalle kein Wasser vertragen. Selenit zum Beispiel wird sich auflösen, wenn Sie Wasser zur Reinigung verwenden.

Klangschwingungen

Sie können auch Gongs, Klangschalen, Trommeln oder Glockenspiele verwenden, um Ihre Kristalle zu reinigen. Klangschwingungen sind ein kraftvolles Reinigungsmittel. Sie können Ihren Kristall entweder in die Mitte Ihrer Klangschale legen oder Sie halten den Kristall in die Nähe, während Sie Klangwellen erzeugen. Die Schwingungen werden die unerwünschten Energien von den Kristallen entfernen. Alle Kristalle können mit dieser Methode gereinigt werden, und Sie können sogar eine Gruppe von Kristallen auf einmal reinigen.

Nachdem Sie eine dieser Methoden zur Reinigung angewendet haben, können Sie das Pendel oder die Kristalle mit reiner positiver Energie aufladen. Wenn Sie den Kristall aufladen, haben Sie die

Möglichkeit, ihm wieder positive Energie zuzuführen. Das Aufladen kann mit Licht, Affirmationen, Klängen oder einfach durch Ihre Berührung erfolgen. Wenn Sie wissen, wie man Reiki anwendet, können Sie dies nutzen, um Ihren Kristall oder Ihr Pendel wieder aufzuladen. Sobald Sie das Pendel aufgeladen haben, wird es viel reaktionsschneller und beweglicher.

Vermeiden Sie es, Salze zur Reinigung zu verwenden, auch wenn Sie hören, dass andere dies empfehlen. Salze können Korrosion verursachen und das Silber beschädigen. Auch bestimmte Steine reagieren negativ, wenn sie mit Salz in Berührung kommen. Es wäre sicherer, Salze ganz zu vermeiden, als zu versuchen, sich zu merken, welche Steine mit Salzen gereinigt werden können und welche nicht. Wasser ist ein weiteres Element, das, wenn überhaupt, nur mit Vorsicht verwendet werden sollte. Wenn Sie Silber mit Wasser in Kontakt bringen, wird der natürliche Prozess der Oxidation beschleunigt. Kristallselenit wird trübe, wenn Sie es in Wasser tauchen. Diese Trübung kann für immer in dem Kristall verbleiben.

Kapitel 4: Aktivieren Sie Ihr Pendel

Sie können Ihr Pendel konsultieren, wann immer Sie das Gefühl haben, dass Sie es brauchen, aber Sie sollten sich nicht ständig darauf verlassen, dass es alle wichtigen Entscheidungen für Sie trifft. Sie helfen sich selbst nicht, wenn Sie sich vor der Verantwortung für Ihre Entscheidungen drücken und sich auf solche Dinge verlassen. Ihr Pendel ist in vielen Situationen nützlich und kann Ihnen als Wegweiser dienen. Sie können es immer dann einsetzen, wenn Sie das Gefühl haben, dass Sie Klarheit über etwas brauchen oder Hilfe bei der Lösung eines Dilemmas benötigen. Sie müssen sich bewusst sein, dass Ihr Pendel mit Ihrer Energie in Verbindung steht, also müssen Sie sich dessen bewusst sein. Sie werden manchmal feststellen, dass Ihr Pendel Ihnen an verschiedenen Tagen unterschiedliche Antworten auf dieselbe Frage gibt. Das liegt daran, dass es von Ihrer eigenen Energie beeinflusst wird.

Um mit dem Pendeln zu beginnen, müssen Sie zunächst das richtige Pendel auswählen, das zu Ihnen spricht. Es gibt kein Richtig oder Falsch bei der Auswahl eines Pendels. Vertrauen Sie Ihrem Instinkt und verwenden Sie das Pendel, das Ihnen richtig erscheint. Konzentrieren Sie sich darauf, wie Sie sich fühlen, wenn Sie ein Pendel in die Hand nehmen und halten. Wenn Sie auf Ihre Intuition vertrauen, werden Sie das richtige Pendel auswählen können. Es kann jede Art von Pendel aus jedem Material sein; es sollte sich nur so anfühlen, als ob es für Sie bestimmt wäre.

Wie Sie Ihr Pendel benutzen

Sobald Sie Ihr Pendel ausgesucht haben, können Sie es zur Beratung heranziehen. Im Folgenden erfahren Sie, wie Sie Ihr Pendel verwenden können:

Reinigung

Wie wir bereits erwähnt haben, müssen Sie Ihr Pendel reinigen, bevor Sie es verwenden können. Genau wie Kristalle müssen auch Pendel von Restenergien gereinigt werden. Dazu können Sie Methoden wie z.B. das Räuchern verwenden. Erst nachdem Ihr Pendel von alten Energien gereinigt und mit positiver Energie aufgeladen wurde, sollten Sie es benutzen. Wenn Sie ein Pendel verwenden, das nicht gereinigt ist, kann die Restenergie Ihr eigenes Energiesystem beeinträchtigen. Auch die Genauigkeit oder Wirksamkeit des Pendels wird dadurch beeinträchtigt.

Die richtige Position einnehmen

Am besten setzen Sie sich aufrecht hin und stellen Ihre Füße auf den Boden, wenn Sie ein Pendel benutzen. Greifen Sie mit Ihrer dominanten Hand die Kette oder Schnur des Pendels mit Daumen und Zeigefinger. Sie können die Pendelkette an jeder beliebigen Stelle festhalten, aber zwischen dem Stein des Pendels und Ihren Fingern sollte genug Platz sein, um sich frei bewegen zu können. Beugen Sie dann Ihr Handgelenk ein wenig, während Sie Ihren Unterarm ruhig halten. Es kann hilfreich sein, Ihren Ellenbogen oder Unterarm auf einer Stuhllehne oder einer Tischkante abzustützen. Das Pendel sollte frei baumeln. Halten Sie es fest, damit es nicht herunterfällt, sich aber noch bewegen kann. Ihre Hand könnte noch ein wenig zittern, aber das ist kein Grund zur Sorge. Dies wird das Ergebnis nicht beeinflussen.

Verstehen Sie die Bewegungen des Pendels

Es ist wichtig, dass Sie wissen, was jede Bewegung des Pendels bedeutet. Sie können keine Antworten auf Ihre Fragen erhalten, wenn Sie nicht wissen, was das Pendel zu sagen versucht. Sie müssen Ihre Energie und Ihren Geist vorbereiten, bevor Sie das Pendel benutzen. Suchen Sie sich einen ruhigen Platz und meditieren Sie zunächst. Sobald Sie geerdet sind, halten Sie das Pendel in der Hand und stellen Sie dem Pendel Fragen, die Ihnen helfen, seine Bewegungen zu verstehen. Sie können dem Pendel einfach Fragen stellen wie: Wie zeigst du mir ein Ja? Sie können dem Pendel auch Fragen stellen, auf die Sie die Antwort bereits kennen. Sie müssen wissen, dass das Pendel viele Bewegungen hat, und Sie können langsam herausfinden, was jede Bewegung bedeutet. Die wichtigsten Bewegungen, die Sie verstehen müssen, sind die, wenn es Ihnen mit einem Ja oder einem Nein antworten will.

Programmieren Sie das Pendel

Sie können das Pendel bitten, Ihnen zu zeigen, was seine Bewegungen bedeuten, aber Sie können das Pendel auch so programmieren, dass es sich so bewegt, wie Sie es möchten. Sie können das Pendel zum Beispiel bitten, sich im Uhrzeigersinn zu bewegen, wenn es Ja meint. Die Programmierung des Pendels für Ja-, Nein- und Vielleicht-Antworten sollte Ihre erste Priorität sein. Dann können Sie sich alle anderen möglichen Antworten ausdenken, die Ihr Pendel geben könnte, und es für diese Bewegungen programmieren. Sie können dann die programmierten Signale überprüfen, indem Sie dem Pendel Fragen mit Antworten stellen, die Sie bereits kennen. Nachdem Sie dies getan haben, können Sie dem Pendel Fragen stellen.

Programmieren oder Überprüfen der Quelle

Bevor Sie dem Pendel Fragen stellen, möchten Sie vielleicht auch feststellen, woher die Antworten kommen. Sie können das Pendel so programmieren, dass es sich mit Ihrem höheren Selbst verbindet und Ihre Fragen auf die wahrheitsgemäßeste Weise beantwortet. Für diejenigen, die Hexerei praktizieren, ist es wichtig, die Quelle der Antwort zu bestimmen, da negative Geistwesen das Pendel manipulieren können, und das sollten Sie vermeiden. Indem Sie die gewünschte Quelle programmieren, können Sie sicherstellen, dass Sie die Antworten von der richtigen Stelle erhalten.

Beginnen Sie mit dem Vertrauten

Beginnen Sie die Verwendung des Pendels, indem Sie einfache Fragen stellen. Denken Sie an Dinge, auf die Sie die Antwort bereits kennen. Stellen Sie dem Pendel diese Fragen, um sich mit den Bewegungen des Pendels vertraut zu machen. Das wird Ihnen helfen, sich mit dem Pendel zu verbinden, und es wird Ihnen auch zeigen, ob Ihr Pendel eine zusätzliche Reinigung benötigt.

Bereiten Sie Fragen im Voraus vor

Bevor Sie eine Sitzung mit Ihrem Pendel beginnen, sollten Sie einige Fragen bereithalten. Sie sollten sorgfältig über alle Fragen nachdenken, die Ihnen helfen werden, eine Situation zu klären. Achten Sie darauf, dass Sie diese Fragen so formulieren, dass das Pendel Ihnen genaue Ja-

oder Nein-Antworten geben kann. Denken Sie auch daran, dass Ihr Pendel Ihnen manchmal überhaupt nicht antwortet. Es kann einfach aufhören, sich zu bewegen, wenn es eine Frage nicht beantworten will, oder es kann eine Bewegung wählen, um Ihnen zu zeigen, dass es der falsche Zeitpunkt ist, diese Frage zu stellen.

Seien Sie geduldig

Sie müssen auf die Antworten warten. Auch wenn Ihr Pendel manchmal sehr schnell antwortet, braucht es in der Regel mehr Zeit, um Antworten zu geben. Sie sollten sich ganz auf die Frage konzentrieren, die Sie stellen, und auf die Antwort des Pendels warten. Wenn Sie darüber nachdenken, wie Sie sich die Antwort wünschen oder was Sie glauben, dass sie lauten wird, wird das Ergebnis beeinflusst. Sie werden nur dann genaue Antworten erhalten, wenn Sie sich konzentrieren und losgelöst bleiben. Sie werden bald sehen, dass das Pendel Ihnen auf die eine oder andere Weise eine Antwort geben wird. Hetzen Sie das Pendel nicht, auch wenn Sie nicht sofort eine Antwort erhalten. Es könnte daran liegen, dass Sie die falsche Frage gestellt oder die Frage falsch formuliert haben. Versuchen Sie, das Pendel in aller Ruhe anders zu fragen und warten Sie erneut auf die Antwort. Wenn sich Ihr Pendel mit großer Kraft bewegt, ist dies eine laute Antwort. Wenn sich das Pendel mit einer leichten Kraft bewegt, gibt es Ihnen wahrscheinlich eine weniger engagierte Antwort.

Seien Sie offen

Wenn Sie möchten, dass Ihr Pendel Ihnen hilft, müssen Sie offen dafür sein, sich von ihm leiten zu lassen. Sie sollten sich wohlfühlen und Ihrem Pendel erlauben, frei mit Ihnen zu kommunizieren. Wenn Sie eine mentale Blockade haben, wird sich diese auch auf das Pendel auswirken. Das Pendel wird leichter kommunizieren können, wenn Sie offen sind. Vertrauen Sie sich selbst und dem Pendel. Genießen Sie die Erfahrung und denken Sie daran, dass es nur ein Instrument ist, das Ihnen helfen soll. Sie müssen sich nicht völlig darauf verlassen und sollten immer auf Ihre Intuition vertrauen.

Klären Sie das Pendel

Nachdem Sie eine Frage gestellt und die Antwort erhalten haben, sollten Sie das Pendel klären. Dies können Sie tun, indem Sie den Stein in der Handfläche der freien Hand berühren. Damit zeigen Sie dem Pendel, dass Sie Ihre Antwort erhalten haben und zu einer anderen Frage übergehen wollen.

Wenn Sie Ihr Pendel nicht benutzen, bewahren Sie es sicher auf. Sie können es jederzeit um den Hals tragen und es mit Ihrer Energie schützen. Sie können es auch in einem Beutel bei sich tragen. Wenn Sie Ihre Pendel nicht bei sich tragen möchten, können Sie sie in einer Aufbewahrungsbox aufbewahren, fern von allem, was sich auf ihre Energie auswirken könnte.

Um Erlaubnis bitten

Viele Pendelnutzer entscheiden sich dafür, ihr Pendel um Erlaubnis zu bitten, bevor sie es für irgendetwas verwenden. Sie können auf drei Arten um Erlaubnis bitten:

- Kann ich?
- Darf ich?
- Soll ich?

Wenn Sie dem Pendel eine Frage stellen, die mit „Kann ich?" beginnt, fragen Sie das Pendel im Wesentlichen, ob Sie mit dem Pendel Wünscheln, Heilen oder das, was Sie vorhaben, tun dürfen. Wenn Sie zum Beispiel mit dem Pendel nach einem verlorenen Buch in Ihrer Wohnung suchen wollen, sollten Sie das Pendel etwas fragen wie: Kann ich mit Hilfe des Pendels mein Buch finden? Wenn das Pendel mit seiner Bewegung ein Nein anzeigt, sollten Sie es wahrscheinlich nicht zum Aufspüren verwenden. Das passiert, wenn Sie noch nicht genug Erfahrung haben, um das Pendel erfolgreich einzusetzen, aber es bedeutet nicht, dass Sie Ihr Pendel nie zum Wünscheln verwenden können. Es bedeutet lediglich, dass Sie mehr mit dem Pendel üben sollten, um sich besser mit ihm zu verbinden, bevor Sie es zum Einsatz als Wünschelrute oder für andere Aktivitäten verwenden.

Wenn Sie dem Pendel eine Frage stellen, die mit "Darf ich?" beginnt, bitten Sie die höheren Mächte um Erlaubnis, das Pendel für Ihren Zweck zu verwenden. Wenn das Pendel eine positive Antwort anzeigt, haben Sie grünes Licht und können mit der Verwendung des Pendels beginnen. Wenn es Ihnen eine Nein-Antwort gibt, sollten Sie nicht fortfahren. Das passiert oft, wenn Sie das Pendel benutzen wollen, um Fragen zu stellen, auf die Sie die Antworten noch nicht kennen oder auf die Sie kein Recht haben, sie zu stellen.

Wenn Sie dem Pendel eine Frage stellen, die mit „Soll ich?" beginnt, fragen Sie damit, ob es eine gute Idee ist, das auszuführen, was Sie mit dem Pendel vorhaben. Zum Beispiel könnten Sie das Pendel benutzen, um jemanden zu heilen. Aber wenn Sie das Pendel fragen, ob Sie das tun sollen, achten Sie auf die Antwort, die Sie erhalten. Wenn das Pendel Nein sagt, könnte das bedeuten, dass die Heilungsaktivität Ihnen oder der Person, die Sie heilen möchten, schaden könnte. Wenn Sie das Pendel fragen, ob Sie etwas suchen sollen und es Nein sagt, könnte das bedeuten, dass Sie es verlieren sollen oder dass das Finden des Objekts sich auf irgendeine Weise negativ auf Sie auswirken wird.

Hinterfragen Sie nicht die Antworten, die Sie von Ihrem Pendel erhalten. Gehen Sie mit Glauben und Vertrauen in Ihr Pendel an die Sache heran. Nur so werden Sie sich wirklich mit dem Pendel verbinden können. Wenn Sie eine Nein-Antwort erhalten, lassen Sie es sein. Wenn es Ja sagt, machen Sie weiter.

Verstehen Sie die Bewegungen Ihres Pendels

Pendel reagieren auf die Persönlichkeit des Benutzers und interpretieren auch seine Bewegungen. Das bedeutet, dass jeder Mensch einen persönlichen Code für die Interpretation der Bewegungen seines Pendels haben kann. Es ist nicht zu erwarten, dass ein Pendel mit jedem Menschen auf dieselbe Weise kommuniziert. Pendel gibt es in vielen Ausführungen, aber es ist am besten, mit den simpelsten zu arbeiten.

Jemand mit Erfahrung kann wahrscheinlich jede Art von Pendel genau benutzen, ein Anfänger sollte dagegen vermeiden, ein schweres Pendel zu kaufen. Ihr Pendel hängt an einer Schnur oder einem Draht und muss am Ende dieser Schnur/des Drahtes gehalten werden. Halten Sie es mit Zeigefinger und Daumen fest und beobachten Sie die verschiedenen Bewegungen des Pendels in Ihrer Hand.

Die Bewegung eines Pendels, das sich im Uhrzeigersinn bewegt, ist rechtshändig und wird in der Regel als ein Ja gedeutet. Wenn sich das Pendel gegen den Uhrzeigersinn bewegt, wird dies in der Regel als Nein interpretiert, aber Linkshänder übersetzen die Interpretationen in der Regel in die entgegengesetzte Richtung. Das bedeutet, dass eine Person, deren rechte Hand dominant ist, die Bewegung des Pendels im Uhrzeigersinn als ein Ja interpretiert, während ein Linkshänder die Bewegung des Pendels gegen den Uhrzeigersinn als ein Ja interpretiert.

Die wichtigsten Pendelbewegungen

Obwohl jeder Mensch die Bewegungen seines Pendels selbst interpretieren sollte, ist es in Ordnung, diese allgemeinen Interpretationen für Anfänger festzulegen. Dies wird Ihnen helfen, Ihr

Pendel leichter zu verstehen, bevor Sie sich auf einer tieferen unterbewussten Ebene mit ihm verbinden.

Das Material, aus dem Ihr Pendel besteht, ist in der Regel nicht wichtig für die erfolgreiche Verwendung des Pendels, aber jeder Mensch reagiert anders auf verschiedene Pendel. Während jemand vielleicht besser auf ein bestimmtes Kristallpendel reagiert, kann eine andere Person eine Verbindung zu einem Holzpendel herstellen. Welches Pendel auch immer bei Ihnen eine Reaktion oder Verbindung hervorruft, ist dasjenige, das für Sie am effektivsten ist.

Im Folgenden finden Sie einige Möglichkeiten, wie sich Ihr Pendel bewegen kann:

- Schwingen um eine horizontale oder vertikale Achse.
- Drehung im oder gegen den Uhrzeigersinn.
- Schwingen entlang einer beliebigen 360-Grad-Achse.
- Ungeordnete oder chaotische Bewegung.
- Bewegung in einer geraden Linie.
- Zeichnen von breiten oder schmalen Ellipsen.
- Zeichnen von engen oder weiten Kreisen.
- Stillstehen.
- Sich sanft oder energisch bewegen.
- Sich in einer Spirale bewegen.
- Schüttelnd.
- Schnell oder langsam bewegen.

Dies sind die allgemeinen Arten, in denen sich Ihr Pendel frei bewegen kann. Was Sie aus diesen Bewegungen interpretieren, bleibt Ihnen überlassen. Die einfachste Art, das Pendel zu benutzen, besteht darin, Ihren eigenen Code zu entschlüsseln, um zu verstehen, wann es eine Ja- oder Nein-Antwort anzeigt. Während Anfänger das Pendel vor allem zum Stellen von Fragen verwenden und nur diese Ja- oder Nein-Bewegungen interpretieren müssen, benötigen Sie für die fortgeschrittene Verwendung des Pendels einen Code für alle diese Bewegungen.

Pendel können ihrem Träger viel mehr als nur ein Ja oder ein Nein mitteilen und Sie müssen die Antworten für jede Bewegung zuordnen. Wenn sich das Pendel zum Beispiel in einer vertikalen geraden Linie bewegt, könnten Sie dies als vielleicht interpretieren.

Wenn Sie eine horizontale geradlinige Bewegung als Konflikt oder Block interpretieren, können Sie dem Pendel ein paar weitere Fragen stellen, die mit Ja oder Nein beantwortet werden können. Sie können das Pendel zum Beispiel fragen, ob Sie Angst davor haben, mit der Wahrheit umzugehen. Oder Sie könnten fragen, ob die Antwort Sie verletzen würde.

Während Sie die Bewegungen mit den Antworten in Verbindung bringen, müssen Sie auch die Intensität der Pendelbewegung beobachten. Die Intensität der Bewegung kann Ihnen helfen, den Grad der Wahrheit oder die Stärke der Antwort des Pendels zu verstehen. Wenn sich Ihr Pendel beispielsweise mit Kraft gegen den Uhrzeigersinn bewegt, bedeutet dies wahrscheinlich ein klares Nein. Ähnlich verhält es sich, wenn das Pendel kleine Bewegungen im Uhrzeigersinn macht, was auf ein Ja hindeuten könnte, aber nicht auf ein starkes.

Die Bedeutung des Pendelszitterns

Wenn Sie bemerken, dass Ihr Pendel zittert, könnte das daran liegen, dass es Ihnen etwas sagen will, Sie aber noch nicht bereit sind, seine Antwort zu interpretieren. Das Zittern Ihres Pendels könnte bedeuten, dass Sie die falsche Frage stellen und es sich noch einmal überlegen sollten. Es könnte auch bedeuten, dass Sie sich nicht richtig auf die anstehende Aufgabe konzentrieren.

Ihr Pendel kann auch unregelmäßig zittern, wenn Sie sich in einem emotionalen Zustand befinden, während Sie ihm Fragen stellen. Wie Sie in diesem Buch lernen werden, sollten Sie sich beruhigen und erden, bevor Sie das Pendel benutzen. Ihre Gefühle und Gedanken werden die Bewegungen des Pendels beeinflussen. Negative Gefühle oder Emotionen können Ihr Pendel zum Zittern bringen. Wenn Sie das Gefühl haben, dass dies der Grund für das Zittern des Pendels ist, sollten Sie einen Moment innehalten und meditieren. Wenn Sie meditieren und sich entspannen, können Sie eine bessere Verbindung mit dem Pendel herstellen, und es wird sich wieder normal bewegen.

Möglicherweise zittert Ihr Pendel auch dann noch, wenn Sie es in einem ruhigen Zustand benutzen. Das könnte bedeuten, dass Ihr Pendel gereinigt werden muss. Eine Pendelreinigung bei Vollmond ist eine nützliche Praxis. Wählen Sie einfach die Methode, die Sie bevorzugen und führen Sie ein Reinigungsritual durch. Anschließend können Sie das Pendel erneut benutzen und sehen, ob es immer noch zittert.

Kapitel 5: Mit Ihrem Pendel kommunizieren

Mit Pendeln können Sie alle möglichen Fragen stellen. Vielleicht haben Sie Fragen zu Ihrer Karriere, Ihren Beziehungen oder zu allem, was in Ihrem Leben wichtig ist. Es gibt keine Begrenzung dafür, wie viele Fragen Sie Ihrem Pendel stellen können oder wie oft Sie es benutzen können. Sie sollten sich lediglich darauf konzentrieren, spezifische Fragen zu stellen und emotional neutral zu bleiben, damit das Pendel Ihnen Antworten gibt, die der Wahrheit so nahe wie möglich kommen.

Wenn Sie mehr Erfahrung und Fachwissen erlangen, können Sie weiter fortgeschrittene Pendelarbeiten durchführen. Sie können auf eine andere Art und Weise nach Antworten fragen oder das Pendel auf andere Weise einsetzen. Aber für den Anfang sollten Sie präzise Fragen stellen, auf die Ihr Pendel leicht mit Ja oder Nein antworten kann.

Vielleicht fragen Sie sich, was die richtige Berufswahl für Sie ist. Vielleicht gibt es zwei Optionen, zwischen denen Sie hin- und hergerissen sind. In diesem Fall können Sie Ihr Pendel um Rat bitten, so dass Sie auch zu diesem Thema konkrete Fragen stellen sollten. Sie können das Pendel bitten, Ihnen bei der Wahl zwischen verschiedenen Tätigkeitsfeldern zu helfen. Sie können es aber auch benutzen, um mehr Einblick in Ihre Ziele zu bekommen. Wenn Sie sich für die Malerei interessieren, sollten Sie das Pendel fragen, ob Sie besser für Porträts oder Landschaften geeignet sind. Diese Art von spezifischen Fragen wird Ihnen eine bessere Orientierung geben. Sie können diese Antworten dann nutzen, um Ihre Energie auf etwas Bestimmtes zu konzentrieren, anstatt sich in einem weiteren Dilemma zu verlieren. Sie können wesentlich mehr Optionen erkunden, wenn Sie das Pendel für solche Entscheidungen einsetzen.

Wenn Sie eine Frage haben, auf die es keine endgültige Antwort zu geben scheint, überlegen Sie einfach, wie Sie sie umformulieren können. Anstatt eine weit gefasste Frage zu stellen, grenzen Sie sie ein, und Sie werden eine eindeutigere Antwort erhalten.

Fragen zu Beziehungen

Hier erfahren Sie, wie Sie Ihrem Pendel Fragen zu Beziehungen stellen können.

Überlegen Sie zunächst genau, welche Art von Fragen Sie stellen möchten. Je spezifischer Sie sind, desto mehr Klarheit erhalten Sie durch die Antworten.

Fragen, die Sie vielleicht stellen möchten, sind:
- Wird mein Liebesleben in diesem Jahr glücklich sein?
- Werde ich bald meinen Seelenverwandten treffen?
- Hat die Person, die ich liebe, die gleichen Gefühle für mich?
- Bin ich in der richtigen Beziehung?
- Werde ich wieder mit der Person aus meiner Vergangenheit zusammenkommen?

Die Fragen, die Sie sich stellen, hängen von Ihrem Leben ab und davon, was Sie über Ihre Beziehungen wissen möchten. Dies sind nur einige gängige Fragen, die die meisten Menschen ihrem Pendel stellen.

Da Sie nun wissen, welche Fragen Sie stellen möchten, können Sie beginnen. Zunächst müssen Sie Ihr Pendel magnetisieren. Halten Sie dazu Ihr Pendel in der Hand und lassen Sie es über der Handfläche der anderen Hand schweben. Die Handfläche dieser anderen Hand sollte dem Himmel zugewandt sein, während die Spitze Ihres Pendels in Richtung der Handfläche zeigt. Das Pendel sollte sich etwa 5 cm über der Handfläche befinden. Bewegen Sie das Pendel nun hin und her. Es beginnt sich in kreisförmigen Bewegungen zu bewegen. Das Pendel wird sich zuerst in eine Richtung und dann in die entgegengesetzte Richtung bewegen. Es kann sich zum Beispiel zuerst im Uhrzeigersinn und dann gegen den Uhrzeigersinn bewegen. Dann bleibt es stehen und Ihr Pendel ist nun mit der Energie Ihres Geistes und Körpers aufgeladen.

Wenn Sie sich über die Antwort des Pendels auf eine Ihrer Fragen nicht sicher sind, können Sie andere, klarere Fragen zur Klärung stellen. Fragen Sie das Pendel, ob es sich sicher ist oder ob es Ihnen die Wahrheit sagt. Beobachten Sie dann, wie sich das Pendel bewegt. Es ist besser, wenn Sie nicht mit Zweifeln an die Sache herangehen. Es ist wichtig, an ein Wahrsageinstrument zu glauben, damit es gut für Sie arbeitet. Vertrauen Sie dem Pendel und erlauben Sie ihm, sich zu äußern. Es wird Ihnen wertvolle Informationen zu allen Beziehungsfragen geben, die Sie vielleicht haben.

Fragen zur Karriere

Wenn Sie über Dinge im Zusammenhang mit Ihrer Karriere verwirrt sind, können Sie Fragen wie die folgenden stellen:

- Ist jetzt ein guter Zeitpunkt, um meinen Job zu wechseln?
- Wäre dies eine gute berufliche Alternative für mich?
- Werde ich in der Lage sein, auf der Karriereleiter weiter aufzusteigen, wenn ich diese Aufgabe übernehme?
- Sollte ich diesen Kurs belegen, um meine Berufsaussichten zu verbessern?
- Ist es rentabel, dieses Hobby in ein Geschäft zu verwandeln?
- Sollte ich jetzt um eine Gehaltserhöhung bitten?
- Habe ich genug Erfahrung, um ein Team zu leiten?
- Wird mir dieses Unternehmen helfen, in meiner Karriere erfolgreich zu sein?

Dies sind wichtige Fragen, über die die meisten Menschen im Laufe ihrer Karriere nachdenken. Jetzt können Sie das Pendel nutzen, um mehr Klarheit bei Ihren Karriereentscheidungen zu bekommen. Sie können Ihrem Instinkt folgen und jede beliebige Frage stellen, und es liegt ganz an Ihnen, den Antworten des Pendels zu vertrauen.

Fragen im Zusammenhang mit Furcht und Ängsten

Jeder Mensch empfindet eine Art von Angst oder Furcht vor bestimmten Dingen im Leben. Auch hier können Sie Ihr Pendel zur Hilfe nehmen.

Sie können Fragen stellen wie:
- Ist dies ein Auslöser für meine Ängste?
- Wird meine Angst durch die in mir aufgestauten Emotionen verursacht?
- Kann ich meine Ängste abbauen, wenn ich mit jemandem spreche?
- Kann ich das tun, um meine Angst zu überwinden?
- Wird dieser Kristall mir helfen, meine Ängste abzubauen?
- Wird dieser Kristall mir helfen, meine Angst vor ... zu überwinden?

Es ist besser, Fragen zu Ergebnissen oder Entscheidungen zu stellen, die Sie treffen müssen, als zu fragen, wie Sie sich fühlen werden. Wenn Sie eine Frage über jemand anderen stellen, stellen Sie sie so, dass die Frage auf Sie bezogen ist. So hat das Pendel eine bessere Chance, Ihnen eine gute Antwort zu geben. Das Pendel ist mit Ihnen verbunden und nicht mit der anderen Person. Es wird Ihnen Antworten geben, die sich auf Sie beziehen.

Fragen, die sich auf die Zeit beziehen

Wenn Sie zeitbezogene Fragen stellen möchten, können Sie sie ähnlich wie diese Fragen formulieren:
- Ist dies der richtige Zeitpunkt, um neue Projekte in Angriff zu nehmen?
- Ist es der richtige Zeitpunkt, mein Geld in dieses Geschäft zu stecken?
- Ist es ein guter Zeitpunkt, um mein Geschäft zu erweitern?
- Ist der nächste Monat ein guter Zeitpunkt, um in eine neue Stadt zu ziehen?

Tipps für den erfolgreichen Einsatz Ihres Pendels

Die folgenden Tipps werden Ihnen helfen, Ihr Pendel effizienter einzusetzen, damit Sie genauere Ergebnisse erhalten. Es handelt sich um Tipps von vielen anderen Pendelanwendern die sie aus Erfahrung gelernt haben.

Wählen Sie das richtige Pendel

Oft hängen Ihre Ergebnisse davon ab, ob Sie das richtige Pendel gewählt haben. Sie müssen ein Pendel auswählen, mit dem Sie eine Verbindung herstellen können. Wenn es keine Verbindung zwischen einem Pendel und seinem Benutzer gibt, ist es unwahrscheinlich, dass die Pendeltechnik oder eine andere Methode funktioniert. Sie sollten sich bei der Auswahl Ihres ersten Pendels Zeit lassen. Verwenden Sie ein Pendel, das Sie anspricht. Selbst wenn Sie sich von einem Pendel nur wegen seiner Farbe angezogen fühlen, sollten Sie sich darauf einlassen. Sie können einige verschiedene Pendel ausprobieren, um das richtige zu finden. Dies wird in hohem Maße über den Erfolg Ihrer Anwendung entscheiden.

Verwenden Sie Ihre dominante Hand

Wenn Sie Rechtshänder sind, sollten Sie das Pendel mit dieser Hand halten oder falls Ihre dominante Hand die linke ist, das Pendel mit dieser Hand halten. Es scheint eine offensichtliche Vorgehensweise zu sein, aber viele Menschen denken nicht daran. Halten Sie die Schnur oder Kette des Pendels bequem, damit es sich frei bewegen kann und Ihnen die richtigen Antworten gibt.

Führen Sie eine Reinigung durch

Es ist wichtig, die Energie in Ihnen und um Sie herum zu klären. Eine einfache Möglichkeit, dies zu tun, ist die Visualisierung. Stellen Sie sich vor, dass sich weißes Licht um Sie herum und durch Sie hindurch bewegt. Stellen Sie sich vor, dass es sich um positive Energie von den höheren Mächten handelt.

Legen Sie einen Code für die Bewegungen Ihres Pendels fest

Sie können nicht mit dem Pendeln beginnen, wenn Sie nicht wissen, was die einzelnen Bewegungen bedeuten. Sie können Ihrem Pendel eine Frage stellen, aber wenn es z.B. nach rechts schwingt, was bedeutet diese Bewegung für Sie? Die Antwort ist nutzlos, wenn Sie sie nicht verstehen. Legen Sie also einen Code fest, bevor Sie Ihr Pendel benutzen. Notieren Sie sich die Bedeutung jeder Bewegung, die das Pendel macht. Sie können Ihr Pendel einfach bitten, Ihnen zu zeigen, wie es sich bewegt, wenn es Ja oder Nein bedeutet.

Beginnen Sie mit einfachen Fragen

Haben Sie es nicht eilig, mit dem Pendel zu arbeiten oder tiefgründige Fragen zu stellen, wenn Sie gerade erst anfangen. Beginnen

Sie stattdessen mit einfachen Fragen, auf die Sie die Antwort bereits kennen. So werden Sie mit der Art und Weise vertraut, wie das Pendel Ihnen Antworten gibt. Es wird Ihnen auch helfen, sich besser mit dem Pendel zu verbinden, bevor Sie es für schwere Aufgaben einsetzen.

Bevor Sie Fragen stellen, geben Sie die Quelle an. Wenn Sie die Quelle, von der Sie Antworten wünschen, nicht angeben, wird Ihr Pendel Ihnen Antworten aus Ihrem Unterbewusstsein geben. Die Antworten, die Sie von den höheren Mächten erhalten, unterscheiden sich von dem, was Ihnen Ihr Unterbewusstsein sagen wird. Sie haben vielleicht eine vorgefasste Meinung über etwas oder denken einfach an etwas, das nicht die richtige Antwort auf Ihre Frage ist. Wenn Sie die Quelle nicht angeben, wird das Pendel Ihnen nur sagen, was Sie bereits denken. Deshalb sollten Sie jede Pendelsitzung damit beginnen, die höheren Mächte zu kontaktieren. Sie können etwas Ähnliches sagen wie: Ich rufe die höheren Mächte an, damit sie mich führen und meine Fragen beantworten. Ich suche die absolute Wahrheit, die mit einem höheren Ziel in Einklang steht. Wenn Sie etwas in dieser Richtung sagen, wird Ihr Pendel die richtigen Antworten erhalten.

Atmen Sie durch und kommen Sie zur Ruhe

Sie können sich selbst zentrieren und alle Ängste abbauen, indem Sie langsam und gleichmäßig atmen. Atmen Sie einfach ein paar Mal tief ein und aus, bevor Sie beginnen.

Beruhigen Sie Ihren Geist. Das ist wichtig, bevor Sie eine Sitzung beginnen und auch nachdem Sie eine Sitzung beendet haben. Sie können meditieren, um Ihren Geist zu beruhigen. Setzen Sie sich einfach still hin und stellen Sie sich einen Ort der Freude vor, an dem Sie nicht abgelenkt werden. Das kann alles Mögliche sein, zum Beispiel ein Strand oder ein Wald vor Ihrem geistigen Auge. Stellen Sie sich vor, wie Sie dort friedlich sitzen oder liegen. Wenn Sie sich diese Art von friedlicher Umgebung vorstellen, hilft das, Ihren Geist zu beruhigen. Es schafft auch eine friedliche Atmosphäre für Ihre Pendelsitzung. Ihr bewusster Geist wird dabei zur Ruhe kommen.

Sein Sie geerdet

Bevor Sie mit dem Pendel arbeiten, sollten Sie sich ein paar Minuten Zeit nehmen, um sich zu erden. Suchen Sie sich einen ruhigen Ort, an dem Sie bequem in Stille sitzen können. Schalten Sie Ihr Telefon aus und stellen Sie sicher, dass Sie niemand stört. Meditation ist eine der einfachsten Möglichkeiten, sich zu zentrieren und zu erden. Ganz gleich, welche Methode Sie zur Erdung verwenden, stellen Sie sicher, dass sie Teil Ihrer Pendelpraxis ist. Erdungsübungen sind immer wichtig und kommen Ihnen zugute. Sie können dies tun, indem Sie sich vorstellen, dass Ihr Körper mit der Erde verbunden ist wie ein Baum mit Wurzeln. Stellen Sie sich vor, dass diese Wurzeln tief in den Erdmantel eindringen und sich um etwas wie große Quarzkristalle wickeln. Das wird Ihnen helfen, sich zentriert und mit der Erde verbunden zu fühlen.

Bleiben Sie objektiv

Neutralität wird Ihnen helfen. Viele Menschen beeinflussen die Antworten des Pendels mit ihrem bewussten Verstand. Das geschieht, weil sie nicht nach der Wahrheit suchen, sondern nur wollen, dass das Pendel ihnen das Gefühl gibt, dass sie Recht haben. Die Beeinflussung des Pendels wird Ihnen jedoch kein brauchbares Ergebnis liefern. Deshalb müssen Sie daran arbeiten, so objektiv wie möglich zu sein und offen für jede Antwort zu sein, die das Pendel Ihnen gibt.

Seien Sie gegenwärtig

Ihr Geist muss sich auf die Gegenwart und die anstehende Aufgabe konzentrieren. Denken Sie nicht an etwas anderes, während Sie das Pendel benutzen. Machen Sie Ihren Geist frei und machen Sie sich keine Gedanken über die Vergangenheit oder die Zukunft. Konzentrieren Sie sich einfach auf das Pendeln. Multitasking wird sich negativ auf die Ergebnisse auswirken.

Nehmen Sie sich Zeit

Seien Sie nicht in Eile, wenn Sie das Pendel benutzen. Geben Sie dem Pendel Zeit, um Ihnen Antworten zu geben. Es braucht eine Weile, um in den richtigen Bahnen zu schwingen.

Seien Sie nicht emotional

Wenn Sie das Pendel in einem emotionalen Zustand benutzen, wird dies das Ergebnis beeinflussen. Die Ergebnisse des Pendelns in einem emotionalen Zustand sind unzuverlässig. Außerdem sollten Sie beim Stellen von Fragen objektiver vorgehen, anstatt emotional geladene Fragen zu stellen. Sonst bleiben Sie nicht geerdet und erhalten keine genauen Antworten. Es ist hilfreich, Ihre Emotionen beiseite zu lassen.

Sprechen Sie laut und deutlich

Wenn Sie wollen, dass Ihre Antworten klarer sind, sollten Sie laut und deutlich sein, während Sie die Fragen stellen. Dies wird Ihnen helfen, stärkere Antworten vom Pendel zu erhalten. Verwenden Sie Ihre

Hand, um die Energie des Pendels zu bündeln. Wenn Sie ihre Handfläche wie eine Schüssel unter das Pendel halten, hilft dies, die Energie zu bündeln.

Üben Sie so oft wie möglich. Je mehr Zeit Sie mit dem Pendel verbringen, desto besser werden Sie es beherrschen.

Tipps für eine gute Formulierung Ihrer Fragen

Die Qualität der Antworten, die Sie mit dem Pendel erhalten, hängt auch von der Qualität der Fragen ab, die Sie stellen. Je besser Sie Ihre Frage formulieren, desto einfacher wird es sein, richtige Antworten vom Pendel zu erhalten. Es ist alles eine Frage der Sprache.

Seien Sie spezifisch, wenn Sie eine Frage stellen - verwenden Sie bestimmte Namen, Orte und Zeiten, um den Umfang der Frage einzugrenzen, was sehr hilfreich sein wird. Wenn Sie beispielsweise nach einer Beziehung fragen möchten, können Sie fragen, ob Ihr Schwarm Sie mag, aber es wäre spezifischer, wenn Sie den Namen dieser Person verwenden.

Vermeiden Sie Begriffe wie müsste oder sollte in Ihren Fragen.

Stellen Sie sicher, dass die Frage so formuliert ist, dass sie mit einem einfachen Ja oder Nein beantwortet werden kann. Wenn Sie darüber nachdenken, kann jede Frage entsprechend umformuliert werden.

Wie Sie feststellen können, ob das Pendel die Wahrheit sagt

Pendel können mit Ihrem Bewusstsein und Unterbewusstsein bewegt werden. Sie können dem Pendel zum Beispiel sagen, dass es sich in eine bestimmte Richtung bewegen soll, zum Beispiel im Uhrzeigersinn. Oder wenn Sie wollen, dass das Pendel Ihnen eine Ja- oder Nein-Antwort gibt, können Sie ihm sagen, wie es sich bewegen soll, um eine der beiden Antworten anzuzeigen. Das Pendel bewegt sich dann so, wie Sie es ihm sagen. Wenn Sie dies tun, üben Sie bewusste Kontrolle über das Pendel aus.

Sie können auf die Antwort des Pendels vertrauen, wenn Sie nicht versuchen, die Antwort genau zu kontrollieren.

Es kann schwierig sein, neutral zu bleiben, wenn Sie bestimmte Arten von Fragen an das Pendel stellen. Wenn Sie das Pendel fragen, ob Sie im Lotto gewinnen werden, wird es Ihnen wahrscheinlich eine bejahende Antwort geben, denn das ist es, was Sie wollen. Wenn Sie dem Pendel eine Frage stellen, die für Sie eine emotionale Bedeutung hat, werden Sie zumeist Einfluss auf die Antwort nehmen. Wenn Sie jedoch einen Zustand der Neutralität erreichen und sich von dem Ergebnis lösen können, wird das Pendel Ihnen wahrscheinlich eine viel ehrlichere Antwort geben.

Sie sollten ruhig sein und dem Pendel klare Fragen stellen, um klare Antworten zu erhalten. Wenn Sie die Fragen auf die richtige Art und Weise stellen, können Sie die binäre Antwort, die das Pendel gibt, präzisieren. Vielleicht haben Sie ein komplexes Problem, das Ihnen Sorgen bereitet. Befragen Sie das Pendel zu diesem Thema, indem Sie es in einige einfache Fragen unterteilen. Auf diese Weise wird es Ihnen leichter fallen zu verstehen, wie die höheren Mächte versuchen, Sie zu leiten. Das Ja-oder-Nein-System wird nicht funktionieren, wenn Sie das Pendel etwas fragen, das zu komplex ist, um auf diese Weise beantwortet zu werden.

Eine andere Möglichkeit, Antworten von einem Pendel zu erhalten, besteht darin, ein Schaubild mit verschiedenen Antworten zu zeichnen. Sie können zum Beispiel ein Tortendiagramm mit verschiedenen Abschnitten erstellen, die mit verschiedenen Resultaten versehen sind. Es könnte in Abschnitte wie Ja, Nein, Vielleicht, Frage ändern usw. unterteilt werden. Das Pendel kann dann über das Schaubild gehalten werden, um Ihnen zu sagen, wie die Antwort ausfällt. Wenn es sich in Richtung Frage ändern bewegt, sollten Sie Ihre Frage auf eine andere Art und Weise formulieren. Achten Sie nur darauf, dass Sie das Pendel aus freiem Willen bewegen lassen und seine Bewegung nicht mit Ihrem bewussten oder unterbewussten Geist manipulieren.

Pendel und Affirmationen

Positive Affirmationen helfen Ihnen, besser zu leben und alles anzuziehen, was Sie sich in Ihrem Leben wünschen. Doch nicht jeder sieht greifbare Ergebnisse seiner Affirmationspraxis. Der Grund für diesen Misserfolg ist in der Regel, dass die Person nicht an die Affirmationen glaubt. Wenn Sie Ihre positiven Affirmationen nicht regelmäßig wiederholen und nicht daran glauben, dass alles klappen wird, werden Sie keinen Erfolg sehen. Zu sagen ich werde Millionär und daran zu glauben, ist etwas anderes. Sie müssen auf bewusster und unterbewusster Ebene an Ihre Affirmationen glauben, damit sie funktionieren.

Positive Affirmationen sind Aussagen, die Ihnen helfen, negatives Denken zu überwinden und an Ihre Fähigkeit zu glauben, alles zu erreichen, was Sie wollen.

Sie können Ihnen in vielerlei Hinsicht helfen:
- Mit dem Rauchen aufzuhören.
- Mehr Geld zu verdienen.
- Die Liebe zu finden.
- Abzunehmen.
- Erfolg im Beruf zu haben.
- Um gute Gewohnheiten zu entwickeln.
- Ihre Persönlichkeit zu verbessern.
- Zu jedem gewünschten Ziel zu reisen.
- Um sich schlechte Gewohnheiten abzugewöhnen.
- Alles andere zu erreichen, was Sie sich wünschen.

Die Affirmationen, die Sie in Ihrem Leben brauchen, hängen von Ihnen ab. Sie haben die Macht, die Veränderung herbeizuführen, die Sie in sich selbst oder in Ihrem Leben brauchen. Es hat also keinen Sinn, diese positiven Affirmationen auszusprechen, wenn Sie nicht an sie glauben. Es ist wichtig, dass Sie alle negativen Schwingungen beseitigen, bevor Sie daran arbeiten, positive Schwingungen anzuzapfen. Jeder Rest von Negativität wird den positiven Affirmationen in die Quere kommen und ihre Wirkung verhindern.

Pendel sind eine hervorragende Möglichkeit, Ihre Überzeugungen zu testen und den Einfluss Ihres Unterbewusstseins auf Ihre positiven Affirmationen zu verbessern. Es gibt viele andere Verwendungsmöglichkeiten für Pendel in Ihrem Leben, aber eine der einfachsten und doch nützlichsten ist es, zu testen, ob Sie an Ihre Affirmationen glauben. Die Antworten, die Ihr Pendel Ihnen gibt, helfen Ihnen zu erkennen, was Ihr Unterbewusstsein glaubt.

Das Unterbewusstsein lügt nicht, und das bedeutet, dass auch Ihr Pendel nicht lügen wird. Denn die Antworten, die ein Pendel gibt, sind ein Spiegelbild des Unterbewusstseins. Um eine Affirmation zu testen, halten Sie Ihr Pendel mit Ihrer dominanten Hand fest und sprechen Sie die Affirmation laut aus. Sie könnten zum Beispiel sagen: Ich werde bei der Arbeit befördert. Beobachten Sie nun, wie sich Ihr Pendel bewegt. Gibt es Ihnen ein Ja, ein Nein oder ein Vielleicht als Antwort? Wenn es sich so bewegt, dass es ein Ja anzeigt, glauben Sie, dass Sie eine Beförderung bekommen werden. Sie glauben unbewusst an diese Behauptung und sind bereit, loszulegen. Wenn das Pendel jedoch ein Nein anzeigt, bedeutet dies, dass Sie nicht daran glauben. Wenn Sie ein Vielleicht erhalten, bedeutet das, dass Sie zwar daran glauben wollen, aber immer noch an der Möglichkeit zweifeln. Wenn Sie kein Ja erhalten, bedeutet dies, dass Sie nicht an Ihre Affirmation und das gewünschte Ergebnis glauben. Testen Sie dies mit einem Pendel, das Sie zu Ihrem Vorteil nutzen sollten. Es hilft Ihnen, mehr über Ihre unterbewussten Überzeugungen zu erfahren und an ihnen zu arbeiten.

Bevor Sie Ihre Affirmationen mit einem Pendel überprüfen, müssen Sie sicherstellen, dass das Pendel richtig funktioniert. Sie können ihm einfache Fragen stellen, auf die Sie die Antwort bereits kennen. Wenn das Pendel sie richtig beantwortet, können Sie beginnen. Wenn Ihr Pendel anzeigt, dass Sie nicht an eine Affirmation glauben, können Sie es benutzen, um Ihr Unterbewusstsein dazu zu bringen, der Affirmation zu vertrauen. Halten Sie dazu Ihr Pendel und wiederholen Sie die Affirmation immer wieder. Wiederholen Sie die Affirmation laut, bis Sie sehen, dass das Pendel Ihnen ein Ja gibt. Je öfter Sie die Affirmation laut aussprechen und je besser Sie sich selbst überzeugen, desto stärker wird das Ja sein.

Der Grund dafür, dass das Pendel seine Antwort ändert, ist, dass es ein Spiegelbild Ihres Unterbewusstseins ist. Wenn sich Ihre unterbewussten Überzeugungen ändern, ändern sich auch die Antworten des Pendels. Sie müssen Ihre Affirmationen mit dem Pendel so lange wiederholen, bis es Ihnen bei jeder Wiederholung sofort ein Ja gibt. Es kann vorkommen, dass Sie einen Rückfall erleiden und sich selbst in Frage stellen. Wenn das passiert, können Sie diese Übung mit dem Pendel einfach wiederholen. Es wird Ihnen helfen, sich zu bestärken und weiterzumachen.

Kapitel 6: Verlorene Gegenstände mit einem Pendel finden

Eine häufige Verwendung von Pendeln ist das Auffinden von Gegenständen. Sind Sie jemand, der ständig seine Lesebrille oder Schlüssel verlegt? Dann können Sie sich darauf verlassen, dass Ihr Pendel Ihnen hilft, sie schnell wiederzufinden.

Pendel können auf zwei Arten zum Auffinden von Gegenständen verwendet werden:
1. Richtungsweisendes Schwingen.
2. Ja- oder Nein-Fragen stellen.

Sie müssen Ihr Pendel für die Methode der Ja- oder Nein-Antworten bzw. für gerichtete Schwünge programmieren. Sie müssen bestätigen, wie Sie die Antworten von Ihrem Pendel erhalten möchten, bevor Sie es benutzen.

Nehmen wir nun an, Sie haben Ihre Lesebrille verloren.
1. Zu Beginn müssen Sie sich vergewissern, wie Sie die Antworten von Ihrem Pendel erhalten werden.
2. Stellen Sie sich nun vor, wie Ihre Lesebrille aussieht. Behalten Sie das Bild dieser Brille in Ihrem Kopf und konzentrieren Sie sich darauf. Stellen Sie sich die Brille weiterhin vor, während Sie nach ihr suchen.
3. Fragen Sie zunächst das Pendel, ob es für Sie der richtige Zeitpunkt ist, nach der Lesebrille zu suchen. Sie können sogar

fragen, ob Ihre Lesebrille in diesem Moment gefunden werden möchte. Ihr Pendel wird Ihnen eine Ja- oder Nein-Antwort geben. Wenn Sie eine Nein-Bewegung sehen, ist die Brille wahrscheinlich aus einem bestimmten Grund verloren gegangen. Berücksichtigen Sie dies und stellen Sie die Suche für eine Weile zurück.

4. Wenn das Pendel eine Ja-Bewegung zeigt, können Sie die Suche nach der Brille fortsetzen.

5. Fragen Sie nun das Pendel, ob sich Ihre Lesebrille in Ihrem Haus oder an einem anderen Ort befindet, von dem Sie glauben, dass Sie ihn verlassen haben. Wenn Sie ein Ja erhalten, können Sie weiter in Ihrem Haus oder an einem anderen Ort nach der Brille suchen. Wenn Sie ein Nein erhalten, müssen Sie weitere Fragen stellen, um herauszufinden, wo Sie die Brille verlegt haben.

6. Angenommen, Sie haben die Brille in Ihrem Haus oder in Ihrem Büro verloren, dann müssen Sie die Fragen jetzt genauer formulieren. Fragen Sie das Pendel, in welchem Raum Sie die Brille verloren haben. Sie könnten das Pendel zum Beispiel fragen, ob die Brille in Ihrem Schlafzimmer liegt. Wenn Sie ein Ja erhalten, dann suchen Sie sie im Schlafzimmer. Wenn Sie ein Nein erhalten, müssen Sie dem Pendel die gleiche Frage stellen und dabei andere Räume in Ihrer Wohnung nennen.

7. Wenn das Pendel sagt, dass sich Ihre Brille in Ihrem Schlafzimmer befindet, sollten Sie in das Schlafzimmer gehen. Stellen Sie sich vor die Tür Ihres Schlafzimmers und bitten Sie das Pendel, Ihnen die Richtung zu zeigen, in die Sie schauen sollen. Nun sollte sich das Pendel in geraden Bewegungen in die Richtung der Brille bewegen. Wenn sich Ihre Lesebrille auf der rechten Seite des Zimmers befindet, sollte sich das Pendel in einer geraden Linie nach rechts bewegen.

8. Sie müssen sich nun in die Richtung bewegen, in der Ihr Pendel geschwungen hat. Während Sie sich durch den Raum bewegen, können Sie dem Pendel immer wieder Fragen stellen, um zu klären, wo sich Ihre Brille befindet. Wenn Sie zum Beispiel in der Nähe Ihres Bettes stehen, können Sie das Pendel fragen, ob sich Ihre Brille unter den Kissen oder unter dem Bett befindet. Auf diese Weise können Sie den Gegenstand, den Sie verlegt

haben, leicht wiederfinden.

Beachten Sie jedoch, dass jede energetische Barriere oder jedes Hindernis zwischen dem Objekt und Ihnen zu Problemen beim Auffinden des Objekts führen kann. Wenn Sie nach dem Objekt suchen, kann es sein, dass sich das Pendel in kreisförmigen Bewegungen bewegt, anstatt genau in die richtige Richtung zu schwingen. Dies deutet auf ein Energiehindernis oder eine Barriere hin. Wenn dies der Fall ist, können Sie sich von diesem Ort entfernen und in eine andere Ecke gehen und erneut fragen. Wenn die Bewegungen des Pendels verwirrend bleiben, befinden Sie sich vielleicht im falschen Raum. Das Objekt, das Sie suchen, befindet sich wahrscheinlich woanders. In diesem Fall können Sie den Vorgang von Anfang an wiederholen und versuchen, herauszufinden, was Ihnen Ihr Pendel sagt.

Wenn Sie sich nicht an dem Ort befinden, an dem Sie das Objekt verloren haben, können Sie eine Karte zeichnen, um zu helfen. Zeichnen Sie eine maßstabsgetreue Karte und bewegen Sie das Pendel über die Karte. Wenn Sie glauben, dass Sie den Gegenstand in Ihrem Büro verloren haben, können Sie einen groben Plan der Büroeinrichtung zeichnen. Verwenden Sie dann das Pendel auf ähnliche Weise, um nach dem Gegenstand zu suchen.

Gründe, warum das Pendeln nach verlorenen Gegenständen nicht funktionieren kann:

1. Sie sind an ein Ergebnis gebunden. Wenn Sie nicht in der Lage sind, sich von dem Ergebnis, das Sie erwarten, zu lösen, wird das Pendeln nicht effektiv sein. Sie sollten keine voreingenommene Vorstellung davon haben, wohin das Pendel zeigen soll.

2. Gedankenformen. Wenn Sie starke Gedanken oder Überzeugungen über das Objekt oder einen Ort haben, erzeugen Sie eine Gedankenform. Sie denken, Sie wüssten bereits, wo sich das Objekt befindet, auch wenn Sie es nicht wissen. Diese Gedanken in Ihrem Kopf verhindern, dass das Pendel Ihnen den richtigen Ort des Objekts anzeigt. Stattdessen wird es dazu neigen, auf den Ort zu zeigen, von dem Sie glauben, dass er es ist.

3. Die Energie der Absicht einer anderen Person. Wenn das Objekt versteckt ist oder Ihre Suche von jemand anderem mit einem Fluch belegt ist, wird es für Sie schwierig sein, es zu finden. Aus diesem Grund kann es Ihnen sehr schwer fallen, ein

Pendel zu benutzen, um die Gegenstände oder den Besitz einer anderen Person zu finden.

4. Der freie Wille der Person oder des Gegenstandes, den Sie suchen. Wenn Sie mit dem Pendel nach einer Person suchen wollen, müssen Sie sich überlegen, ob diese Person überhaupt gefunden werden will. Wenn diese Person oder auch Ihr Haustier nicht gefunden werden will, kann Ihre Mühe vergeblich sein.

5. Das Schicksal. Manchmal sind Sie nicht in der Lage, bestimmte Dinge zu finden, weil Sie nicht dazu bestimmt sind, sie zu finden. Vielleicht haben Sie etwas verloren, weil es Ihr Schicksal war, es zu verlieren.

Es ist nicht für jeden einfach, mit Hilfe des Pendelns nach Gegenständen zu suchen. Diese Faktoren können in den Prozess hineinspielen und verhindern, dass Sie die gewünschten Ergebnisse erzielen. Wenn Sie das, was Sie suchen, immer finden können, sind Sie in der Tat ein glücklicher Mensch.

Ein Pendel zu benutzen, um Dinge zu finden, ist hilfreich, aber es ist auch eine gute Möglichkeit, sich mit dem Pendel zu verbinden. Sie üben den Umgang mit dem Pendel und bauen auch eine stärkere Verbindung zu ihm auf. Dies wird Ihre zukünftigen Aktivitäten mit dem Pendel effektiver und genauer machen. Ihr Pendel wird viel besser mit Ihnen in Resonanz gehen können

Kapitel 7: Pendel für Wahrsagerei und Magie

Wahrsagen ist ein Weg, um Einsicht von höheren Mächten zu erhalten. Wenn Sie Wahrsageinstrumente wie Pendel verwenden, können Sie sich besser konzentrieren und wirklich auf die Führung durch die Geister oder die Gottheit hören, von der Sie Antworten suchen.

Ihr Pendel fungiert als Empfänger und Sender. Es funktioniert auf die gleiche Weise, wie Radios unsichtbare Radiowellen auffangen. Wenn Sie Ihrem Pendel eine Frage stellen, wird Ihr Unterbewusstsein darauf reagieren und die Bewegungen des Pendels in Ihrer Hand beeinflussen. Ihr äußerer Körper nutzt das Pendel, um auszudrücken, was Ihr Innerstes bereits weiß. Es macht nichts, wenn Sie nicht verstehen können, wie Pendel und Wahrsagerei funktionieren. Was zählt, ist, dass Sie daran glauben. Jeder kann mit einem Pendel arbeiten. Albert Einstein war einer der vielen berühmten Menschen, die mit Hilfsmitteln wie Pendeln gearbeitet haben. Seine Erklärung dafür war eher wissenschaftlich und bezog sich auf den Elektromagnetismus. Zu den weiteren Befürwortern des Pendelns in der Geschichte gehören Leonardo da Vinci, Robert Boyle und General Patton.

Pendel können auf verschiedene Weise für die Wahrsagerei eingesetzt werden. Sie werden überrascht sein, wie viel Sie aus den Ja- oder Nein-Antworten eines Pendels lernen können. Wichtiger ist, dass Sie Ihre Fragen auf die richtige Weise stellen können.

Pendel für Wahrsagerei und Magie

Um verlorene Gegenstände zu finden

Pendel sind wie Wünschelruten, die Ihnen den Weg zu dem verlorenen Gegenstand weisen können. Sie können Ihnen sogar helfen, eine vermisste Person zu finden. Bei der Fernpendelung können Sie das Pendel über der Karte eines Gebietes oder Raumes einsetzen. Das Pendel wird Ihnen dann helfen, Ihr Ziel zu finden.

Mit einem Wahrsagebrett

Viele Menschen verwenden Pendel in Verbindung mit einem Wahrsagebrett. Das Pendel leitet den Benutzer, indem es auf die Buchstaben auf dem Brett zeigt und seine Botschaft weitergibt. Das Wahrsagebrett kann Zahlen, Alphabete und Wörter wie Ja, Nein oder Vielleicht enthalten.

Mit Tarot-Karten

Wenn Sie sich in der Kunst des Tarot-Lesens üben, können Sie Ihr Pendel verwenden, um die richtige Karte zu ziehen. Es kann auch zum Reinigen oder Aufladen des Decks verwendet werden.

Magische Orte finden

Die Menschen glauben, dass Pendel zum Auffinden magischer Stätten verwendet werden können. Diese Orte werden für die Durchführung von Ritualen oder anderen magischen Aktivitäten genutzt. Das Pendel kann als Wegweiser fungieren, um den Benutzer zum richtigen Ort hin oder vom falschen Ort weg zu führen.

Pendel und Tarot

Wenn Sie Ihr Pendel gerne benutzen, fragen Sie sich wahrscheinlich, ob Sie es auch mit anderen Wahrsageinstrumenten verwenden können. Pendel lassen sich leicht in die Praxis der Tarot-Lesungen integrieren.

Tarotkarten und Pendel sind beides Kanäle für Ihre Energie. Wenn Sie eine Tarot-Lesung durchführen, empfängt Ihr Geist eine Botschaft, und diese Botschaft wird durch die Symbole, die auf Ihren Karten erscheinen, offenbart. Auf diese Weise übermittelt Ihnen das Universum mit den Tarotkarten Botschaften. Ihr Pendel hilft Ihnen dabei, diese Botschaft zu entschlüsseln und die wahre Bedeutung der Botschaft zu verstehen. Beim Pendel wird die Botschaft durch Bewegungen übermittelt und nicht einfach durch die Verwendung von

Symbolen. Die Symbole jeder Tarotkarte sind jedem bekannt und werden von jedem verstanden, der sie benutzt. Die Bedeutung der Karten ändert sich nicht. Die Bewegungen des Pendels bedeuten für jeden Menschen etwas anderes. Sie müssen die Bewegungen Ihres Pendels verstehen, bevor Sie es bei einer Tarot-Lesung oder einer anderen Aktivität einsetzen. Jede Bewegung Ihres Pendels wird Ihnen eine bestimmte Antwort geben. Deshalb sagen die meisten Hellseher, dass es wichtig ist, das Pendel zu programmieren, bevor Sie es benutzen. Das bedeutet, dass Sie Ihrem Pendel beibringen, sich auf eine bestimmte Weise zu bewegen, um bestimmte Antworten zu erhalten. Dazu fragen Sie das Pendel, wie es sich bewegen wird, wenn es Ihnen auf eine bestimmte Weise antworten soll.

Pendel zur Verbesserung von Tarot-Lesungen

Wenn Tarotkarten Ihr bevorzugtes Wahrsageinstrument sind, können Sie auch von der Verwendung von Pendeln profitieren. Es ist eine wunderbare Erfahrung, in die Bilderwelt des Tarot einzutauchen und all die verschiedenen Archetypen und Symbole zu entschlüsseln. Sie können tief in die Materie eintauchen und jede Offenbarung aus den Deutungen erforschen.

Es kann nicht schaden, sich das, was Sie aus den Tarotkarten lesen, noch einmal bestätigen zu lassen. Wenn Sie an Ihrer Neutralität zweifeln oder nur für sich selbst lesen, kann es nicht schaden, Ihre Wahrsagerwerkzeuge um Pendel zu erweitern.

Pendel sind ein ergänzendes Werkzeug zu den Tarotkarten. Wenn Sie aus den Karten keine eindeutige Antwort erhalten oder einfach nur ein klares Ja oder Nein wollen, wäre es viel hilfreicher, ein Pendel in den Mix einzubeziehen.

Verwendung des Pendels mit Tarot

Im Folgenden finden Sie einige Methoden, die bei der Arbeit mit diesen beiden Wahrsageinstrumenten in der Regel am besten funktionieren:

Wählen Sie ein Deck, mit dem Sie zu einem besonderen Anlass oder an einem bestimmten Tag arbeiten.

Nehmen Sie zunächst alle Decks, die Ihnen zur Verfügung stehen, heraus und legen Sie sie auf dem Tisch oder einer anderen Oberfläche aus, die Sie bevorzugen. Nehmen Sie nun Ihr Pendel und fragen Sie: Kann ich heute mit diesem Deck arbeiten? Halten Sie Ihr Pendel über jedes Deck, während Sie diese Frage stellen, und notieren Sie, ob das

Pendel Ja oder Nein sagt. Wenn Sie sich nicht sicher sind, können Sie weitere Fragen stellen, um sich Klarheit zu verschaffen. Wenn Sie neue Kartendecks kaufen, können Sie Ihr Pendel mit in den Laden nehmen. Wiederholen Sie einfach den gleichen Vorgang, während Sie sich die verschiedenen Decks ansehen. Fragen Sie das Pendel, ob Sie ein bestimmtes Deck kaufen sollten.

Das Ziehen von Karten während einer Tarot-Lesung

Während einer Tarot-Lesung können Sie ein Pendel zum Auswählen von Karten verwenden. Mischen Sie einfach Ihr Deck wie gewohnt und verteilen Sie die Karten dann. Halten Sie nun Ihr Pendel über die Karten und beginnen Sie an einem Ende des Decks. Sie können eine Karte herausziehen, wenn Ihr Pendel auf ein Ja schwingt. Um Verwirrung darüber zu vermeiden, welche Karte angezeigt wird, achten Sie darauf, dass die Karten gut verteilt sind. Sie können das Pendel auch zur Bestätigung verwenden, wenn Sie eine Klarstellung benötigen. Während Sie auf diese Weise Karten auswählen, sollten Sie entweder die Anzahl der Karten, die Sie auswählen möchten, im Voraus festlegen oder Sie können das Pendel so lange verwenden, bis Sie das Ende der Legung erreicht haben. Dann können Sie die vom Pendel gezogenen Karten auslegen und mit Ihrer Tarot-Lesung fortfahren.

Verwendung des Pendels zur Bestätigung einer Tarot-Lesung

Sobald Sie eine Tarot-Lesung beendet haben, können Sie eine Zusammenfassung aller Erkenntnisse erstellen, die Ihnen die Karten gegeben haben. Sie können dann ein Pendel verwenden, um die Botschaft zu bestätigen, die Sie von den Karten erhalten zu haben glauben. Es zeigt Ihnen, ob Sie verstanden haben, was die Karten Ihnen gesagt haben, oder ob Sie noch einmal darüber nachdenken müssen. Wenn das Pendel in Richtung Nein ausschlägt, sollten Sie die Karten aus einer anderen Perspektive betrachten.

Bestimmen Sie, welche Karten in einer Lesung von Bedeutung sind und welche nicht

Sie können Ihr Pendel zu Rate ziehen, wenn Sie sich während einer Lesung festgefahren fühlen. Es könnte sich um eine Lesung für Sie selbst oder für eine andere Person handeln und Sie haben das Gefühl, dass Sie nicht genug aus den Karten lesen können, um eine klare Antwort zu erhalten. In diesem Fall können Sie Ihr Pendel über jede Karte halten, die Sie gezogen haben, und es als Leitfaden verwenden. Stellen Sie dem Pendel alle Fragen, die Sie brauchen, und wählen Sie diejenigen aus, die

Ihnen während des Lesens mehr Klarheit verschaffen werden.

Wählen Sie die passenden Fragen für die Karten aus, bevor Sie eine Tarot-Lesung beginnen

Manchmal sind Sie sich vielleicht nicht sicher, was Sie den Karten an einem bestimmten Tag fragen wollen. Vielleicht versuchen Sie zu entscheiden, was die beste Frage oder die nützlichste Frage wäre. In solchen Fällen kann Ihr Pendel Ihnen den Weg weisen. Sie können Ihre Fragen laut aussprechen und das Pendel fragen, welche Frage Sie den Karten stellen sollen. Sie können auch jede Frage auf ein Stück Papier schreiben und das Pendel über die Zettel halten. Wenn Sie immer noch das Gefühl haben, dass Sie nicht die gewünschte Antwort erhalten, können Sie das Pendel fragen, ob Sie sich andere Fragen überlegen sollten. Wenn die Bewegung des Pendels eine starke, positive Antwort anzeigt, sollten Sie wahrscheinlich die Fragen, die Sie den Tarotkarten stellen wollen, noch einmal überdenken.

Die Verwendung eines Pendels zusammen mit den Tarotkarten ist ein effektiver Weg, um mit Ihren Geistführern und Ihrem höheren Selbst in Verbindung zu treten, und hilft Ihnen sogar, an Ihren intuitiven Fähigkeiten zu arbeiten. Ein Pendel wird Ihnen einige Antworten geben, aber Sie müssen Ihrer Intuition vertrauen, um zu entscheiden, wann Sie es benutzen sollten. Einer der wichtigsten Aspekte bei der Arbeit mit der Wahrsagerei ist, dass Sie unvoreingenommen bleiben. Gehen Sie mit der richtigen Einstellung an die Sache heran, und Sie werden über die Ergebnisse erstaunt sein.

Die besten Kristalle für Tarot- oder Orakellesungen

1. **Amethyst.** Dieser Kristall wird mit spiritueller Entwicklung und übersinnlichen Fähigkeiten in Verbindung gebracht. Die meisten Tarotleser halten diesen Stein in der Nähe, während sie Karten lesen. Er wird Ihnen helfen, Ihre Intuition anzuzapfen. Er wird Ihnen auch helfen, die Botschaften zu entschlüsseln, die Sie beim Tarotlesen erhalten.
2. **Angelit.** Dieser Stein hilft Ihnen, Engel oder Geister zu Ihrer Lesung einzuladen.
3. **Selenit.** Dieser Kristall ist gut zum Kartenlegen und zur Reinigung der Karten. Er ermöglicht es Ihnen, Ihren Raum frei

von psychischen Ablagerungen zu halten. Legen Sie den Selenitkristall über oder unter Ihr Kartenspiel, um es zu reinigen.

4. **Schwarzer Turmalin.** Dieser Schutzstein wird Sie vor allen äußeren Energien schützen, wenn Sie sich auf dem Höhepunkt Ihrer psychischen Energie befinden.

5. **Regenbogenfluorit.** Dieser Stein sorgt für geistige Klarheit und hilft Ihnen, sich auf das zu konzentrieren, was Sie gerade tun. Er verhindert, dass Ihre Gedanken abschweifen, wenn Sie eine Lesung durchführen.

6. **Klarer Quarz.** Dies ist der reinste Quarzstein und kann die Absicht verstärken, während Ihrer Tarot-Lesung Führung zu erhalten. Wenn Sie diesen Kristall während des Journalings in der Nähe haben, können Sie klare Gedanken fassen und mit den Karten kommunizieren.

7. **Rauchquarz.** Er hilft Ihnen, geerdet zu bleiben und ermöglicht Ihnen, sich mit der Energie der Erde zu verbinden.

8. **Rosenquarz.** Dieser Kristall erinnert Sie daran, beim Lesen der Karten mitfühlend und herzorientiert zu sein. Er ist ein großartiger Kristall für das Lesen von Liebesbotschaften. Dieser Kristall kann positive Energie in eine Lesung kanalisieren.

9. **Citrin.** Der Citrin ermöglicht es Ihnen, Blockaden zu erkennen, die durch Angst oder andere negative Gefühle verursacht werden. Es ist schwierig, eine erfolgreiche Lesung durchzuführen, wenn solche Blockaden vorhanden sind. Dieser Stein stärkt das Selbstvertrauen und hilft Ihnen, Mut zu fassen. Er fördert auch den Erfolg von Lesungen.

10. **Labradorit.** Dieser Stein hat die Kraft, Ihre intuitiven Fähigkeiten während einer Tarot-Lesung zu verbessern.

11. **Jade.** Dieser Stein ermöglicht eine Einheit zwischen den Tarotkarten und dem Tarotkartenleser. Er ist der Stein der Liebe und der inneren Wahrheit.

12. **Obsidian.** Dieser Stein ist wichtig für Empathen, da er sie erdet und ihnen hilft, energetischen Ballast von anderen abzuwehren. Achten Sie also auf die Reaktion, die dieser Stein bei Ihnen auslöst, um zu sehen, ob er zu Ihnen passt oder zu erdend ist.

Tarotkarten und die dazugehörigen Edelsteine

Jede Tarotkarte in Ihrem Deck kann mit einem Edelstein verbunden sein. Wenn Sie diese während Ihrer Tarot-Lesung verwenden, können Sie eine bessere Deutung erzielen.

- **Der Narr**. Die Bedeutung dieser Karte ist Unschuld, Ehrlichkeit, Hoffnung oder das Bedürfnis nach einem Neuanfang. Der dazugehörige Edelstein ist der Achat.
- **Der Magier**. Die Bedeutung dieser Karte ist Geschicklichkeit, Selbstvertrauen, Geradlinigkeit und Einfallsreichtum. Der zugehörige Edelstein ist der Feueropal.
- **Die Hohepriesterin**. Die Bedeutung dieser Karte ist intuitiv, offen und spirituell bewusst. Der dazugehörige Edelstein ist der Mondstein.
- **Die Kaiserin**. Die Bedeutung dieser Karte ist weibliche Energie, Ernährerin und Fruchtbarkeit. Der zugehörige Edelstein ist der Peridot.
- **Der Kaiser**. Die Bedeutung dieser Karte ist organisierte Führung, Autorität und Männlichkeit. Der zugehörige Edelstein ist der Rubin.
- **Der Hierophant**. Die Bedeutung dieser Karte ist Tradition, ein starkes Fundament, Autorität und Gemeinschaft. Der zugehörige Edelstein ist der Topas.
- **Die Liebenden**. Die Bedeutung dieser Karte ist Gleichheit, Intimität und die Befreiung von Yin und Yang. Der zugehörige Edelstein ist der Rosenquarz.
- **Der Wagen**. Die Bedeutung dieser Karte ist zielorientiert, Willenskraft und das Erreichen von Zielen. Der zugehörige Edelstein ist der Karneol.
- **Stärke**. Die Bedeutung dieser Karte ist Verlangen, Grimmigkeit, Kraft und Mut. Der zugehörige Edelstein ist das Tigerauge.
- **Der Einsiedler**. Die Bedeutung dieser Karte ist Abgeschiedenheit, Meditation, Weisheit und der Blick auf das große Ganze. Der zugehörige Edelstein ist der Blutstein.
- **Das Rad des Schicksals**. Die Bedeutung hinter dieser Karte ist Freude, Wohlstand, Glück und Triumph. Der dazugehörige

Edelstein ist der Aventurin.
- **Gerechtigkeit.** Die Bedeutung hinter dieser Karte ist Integrität, Fairness und Ehrlichkeit. Der dazugehörige Edelstein ist der Granat.
- **Der Gehängte.** Die Bedeutung dieser Karte ist Geduld, Anhalten, vorübergehender Halt und Anpassung. Der dazugehörige Edelstein ist der Aquamarin.
- **Der Tod.** Die Bedeutung dieser Karte ist Veränderung, zweite Chancen, ein Ende und ein Übergang. Der dazugehörige Edelstein ist Obsidian.
- **Die Mäßigkeit.** Die Bedeutung dieser Karte ist Ruhe, Entwicklung, Mäßigung und Gleichgewicht. Der zugehörige Edelstein ist der Amethyst.
- **Der Teufel.** Die Bedeutung dieser Karte sind Hindernisse, Fallen, Unterdrückung und Abhängigkeit. Der zugehörige Edelstein ist Hämatit.
- **Der Turm.** Die Bedeutung hinter dieser Karte ist Instabilität, lebensverändernde Ereignisse und Konflikte. Der zugehörige Edelstein ist der Kyanit.
- **Der Stern.** Die Bedeutung dieser Karte ist Einfachheit, Inspiration, Unterstützung und Erwartungen. Der zugehörige Edelstein ist der Sugilith.
- **Der Mond.** Die Bedeutung dieser Karte sind Geheimnisse, Intuition, Instinkt und Selbstuntersuchung. Der dazugehörige Edelstein ist die Perle.
- **Die Sonne.** Die Bedeutung dieser Karte ist Freude, Ausstrahlung, Errungenschaften und Vitalität. Der zugehörige Edelstein ist der Sonnenstein.
- **Das Gericht.** Die Bedeutung dieser Karte ist Gleichgewicht, Vergebung, Wahrnehmung und Neubewertung. Der zugehörige Edelstein ist der Malachit.
- **Die Welt.** Die Bedeutung dieser Karte sind erfolgreiche Ergebnisse, Schlussfolgerungen und erreichte Ziele. Der zugehörige Edelstein ist Fluorit.

Pendel und Hexerei

Traditionell war Hexerei der Akt der Anrufung übernatürlicher Kräfte, um Ereignisse oder Menschen zu kontrollieren. Die Ausübung der Hexerei beinhaltete in der Regel eine Art von Magie oder Zauberei. Auch wenn Hexerei in verschiedenen Kulturen und Jahrhunderten unterschiedlich definiert wird, wird sie seit der Antike praktiziert. Wicca ist eher eine moderne heidnische Religion und wird als heidnische Hexerei bezeichnet. Ihre Ursprünge liegen in den vorchristlichen Religionen. Die Praktiken sowohl der Hexerei als auch des Wicca sind je nach Ort und Volk unterschiedlich. Ein gemeinsamer Faktor ist, dass sowohl traditionelle Hexen als auch Wicca häufig Pendel für ihre Praktiken verwenden.

Pendel werden in der Hexerei und im Wicca auf viele Arten verwendet. Hier sind einige Beispiele für die Verwendung von Pendeln in der Hexerei:

Um die Zukunft zu enthüllen

Eine der häufigsten Verwendungen von Pendeln ist die Frage nach der Zukunft. Sie können dem Pendel einige einfache Fragen stellen, die es Ihnen erlauben, mit Ja oder Nein zu antworten. Wenn das Pendel Ihnen die Antworten in den vorgegebenen Bewegungen gibt, die Sie kennen und die Ihnen bewusst sind, dann wissen Sie, dass es jemanden gibt, der Ihre Fragen beantwortet. Sie sollten auch versuchen herauszufinden, mit wem Sie sprechen, denn es ist möglich, dass es sich um ein trügerisches Geistwesen wie einen Dämon oder eine Larve handelt. Es gibt vielleicht auch Geister, die vorgeben, jemand anderes zu sein. Nachdem Sie eine Sitzung beendet haben, müssen Sie sich bedanken.

Mit Ouija-Brettern

Sie können Ihr Pendel auch mit einem Ouija-Brett verwenden. Legen Sie das Brett einfach auf eine flache Oberfläche und halten Sie das Pendel in Ihrer dominanten Hand. Strecken Sie Ihre Hand so aus, dass das Pendel ein paar Zentimeter über dem Ouija-Brett schwebt. Stellen Sie nun Ihrem Pendel Fragen und beobachten Sie, wohin es seine Schwünge richtet. Wenn sich das Pendel vertikal bewegt, wird es über der Zahl oder dem Buchstaben schweben, den es anzeigen soll. Sie können das Pendel auch verwenden, um auf ähnliche Weise Fragen zu stellen, indem Sie es über einen Gegenstand oder ein Foto halten.

Mediale Wesen und Wahrsager verwenden Pendel, um zu prüfen, ob es an einem Ort negative Energien oder Präsenzen gibt. Sie können das Pendel auch benutzen, um einen guten Platz für die Aufstellung eines Altars zu finden. Sie müssen daran denken, das Geistwesen, das Ihnen antwortet, zu respektieren und es nicht zu ermüden oder zu hartnäckig zu sein. Ein wütendes Geistwesen in Ihrem Raum zu haben, wird nur Schaden anrichten.

Für die Gesundheitsdiagnose

Ein Pendel kann auch verwendet werden, um den Körper auf Krankheiten oder negative Energie zu überprüfen. Sie können das Pendel einfach über Ihren Körper oder den einer anderen Person halten und es fragen, wo das Problem liegt. Das Pendel lenkt dann seine Bewegung so, dass es Ihnen sagt, wo Sie Heilung brauchen.

Um einen geeigneten Ort für ein Ritual zu finden

Wenn Hexen ein Ritual im Freien durchführen wollen, wenden sie sich oft an das Pendel, um sich beraten zu lassen. Es hilft ihnen, den richtigen Ort für ein Ritual zu finden. Bei der Suche nach einem geeigneten Ort kann es passieren, dass das Pendel anfängt, sich unregelmäßig zu bewegen. Wenn dies der Fall ist, könnte dies bedeuten, dass der Ort Geister oder Tote beherbergt und er nicht geeignet ist. Versuchen Sie, die Energie um einen Ort herum zu spüren und sehen Sie, ob Sie sich dort wohl fühlen. Wenn Sie ein Gefühl verspüren, das Ihnen Unbehagen bereitet, sollten Sie den Ort verlassen und sich einen anderen suchen.

Um nach jemandem oder etwas zu suchen

Hexen benutzen auch Pendel, um nach Dingen oder Personen zu suchen. Sie können das Pendel physisch in einem Raum einsetzen, um nach einem verlorenen Gegenstand zu suchen. Sie können es auch über einer Karte benutzen, um zu bestimmen, wo sich die verlorene oder versteckte Person oder der Gegenstand befindet.

Als Orientierungshilfe bei Zaubern

Wenn eine Hexe sich nicht sicher ist, welche Zutaten sie für einen Zauber verwenden soll, kann sie ein Pendel als Orientierungshilfe benutzen. Die Verwendung eines Pendels über einem Kalender oder einer Uhr kann auch dabei helfen, den besten Zeitpunkt für einen Zauberspruch zu ermitteln.

Verbessern Sie Ihre Intuition mit einem Pendel

Jedes Mal, wenn Sie mit Ihrem Pendel üben, verbessern Sie Ihre Intuition ein wenig mehr. Sie erweitern sozusagen Ihren Weg. Stellen Sie sich vor, Sie spazieren durch einen schönen Garten und denken dabei über wichtige Dinge nach. Während Sie durch den Garten wandern, erschaffen Sie einen Weg. Je mehr Sie durch den Garten wandern, desto breiter wird der Weg. Es wird viel einfacher für Sie, den Garten zu durchqueren, und Sie haben leichteren Zugang zu den Früchten, die dort wachsen.

Mit Ihrem Pendel verbreitern Sie den Weg, der Sie zu Ihrem höheren Selbst führt. Dieser Weg ist vergleichbar mit einem schönen Garten, der voller Grün und fruchttragender Bäume ist. Um zu diesen Früchten im Garten zu gelangen, müssen Sie aufmerksam sein und den Weg hinein finden. In ähnlicher Weise müssen Sie daran arbeiten, wenn Sie Zugang zu Ihrem höheren Selbst finden wollen. Sie sollten häufig mit dem Pendel üben und Ihre intuitiven Fähigkeiten verfeinern.

Je mehr Sie diese Übung vernachlässigen, desto schwieriger ist es für Sie, das zu erreichen, was Sie suchen. Jedes Mal, wenn Sie mit Ihrem Pendel üben und sich mit Ihrem höheren Selbst verbinden, dringen Sie tiefer in den Pfad vor. Das gilt für jede spirituelle oder intuitive Praxis. Je mehr Sie Ihr Pendel benutzen, desto besser werden Sie in anderen intuitiven Aktivitäten wie Tarot-Lesen, Meditation, Hellsehen und dergleichen.

Finden Sie Ihre Resonanzfarbe mit Ihrem Pendel

Farbe ist elektromagnetische Energie, und jede Farbe, die Sie sehen, hat unterschiedliche Wellenlängen. Farben können Ihren geistigen Fokus, Ihren emotionalen Zustand, Ihre körperliche Gesundheit und Ihr inneres Gleichgewicht beeinflussen. Seit vielen Jahrzehnten wird geforscht, um den bewussten Einsatz von Farben für verschiedene Anwendungen zu verstehen.

Die Chromotherapie oder Farbtherapie ist eine weitere Form der Energieheilung, von der Sie vielleicht schon gehört haben. Die Grundsätze der Chromotherapie besagen, dass jeder Mensch eine Farbe hat, mit der sein wahres Selbst in Resonanz geht. Diese Farbe ist die Resonanzfarbe, und sie kann von Mensch zu Mensch unterschiedlich sein. Eine weitere Anwendung des Pendels ist die Entdeckung der Resonanzfarbe einer Person. Wenn Sie einmal angefangen haben, Pendel zu benutzen, können Sie damit auch Ihre Resonanzfarbe bestimmen.

Dazu benötigen Sie einige Stifte in acht verschiedenen Farben und ein weißes Blatt Papier. Außerdem brauchen Sie Ihr Pendel. Dieses Pendel sollte so programmiert sein, dass es Ihnen mit Ja oder Nein antwortet.

Bevor Sie beginnen, sollten Sie die Quelle der Antworten Ihres Pendels angeben. Es ist auch besser, ein Pendel mit einer neutralen Farbe für diese Übung zu verwenden. Sie können Steine wie Hämatit, schwarzen Onyx, klaren Quarz oder schwarzen Obsidian wählen. Entspannen Sie Ihren Geist und Körper, indem Sie eine Weile meditieren, bevor Sie beginnen.

Nehmen Sie nun das weiße Blatt Papier und schreiben Sie Ihren Namen einmal mit jedem der verschiedenfarbigen Stifte. Wenn Sie zur nächsten Farbe übergehen, lassen Sie ein wenig Platz, bevor Sie wieder Ihren Namen schreiben. Wenn Sie Ihren Namen nicht mit Stiften auf das Papier schreiben möchten, können Sie ihn auch mit dem Computer ausdrucken. Wählen Sie einfach die Primärfarben, um Ihren Namen achtmal in acht verschiedenen Farben zu schreiben. Sobald Sie das Papier haben, legen Sie es vor sich auf eine ebene Fläche. Halten Sie Ihr Pendel in Ihrer dominanten Hand und lassen Sie es ein oder zwei Zentimeter über jeder Farbe schweben. Fragen Sie das Pendel über jeder Farbe, ob dies Ihre Resonanzfarbe ist. Warten Sie geduldig darauf, dass das Pendel Ihnen eine Antwort gibt. Notieren Sie sich die Reaktionen des Pendels auf jede Farbe. Die Farbe, die bei Ihrem Pendel die stärkste Ja-Bewegung hervorruft, ist Ihre Resonanzfarbe.

Sie werden vielleicht feststellen, dass Ihre Resonanzfarbe nicht die Farbe ist, die Sie normalerweise als Ihre Lieblingsfarbe bezeichnen. Sie können immer noch gerne Kleidung in Ihrer Lieblingsfarbe tragen, aber die Kenntnis Ihrer Resonanzfarbe hat ihren eigenen Nutzen. Sie können diese Resonanzfarbe nutzen, um Ihre Schwingungsenergie zu erhöhen. Je mehr Sie sich mit dieser Resonanzfarbe umgeben, desto besser ist sie für Sie. Sie könnten Ihre Wände in dieser Farbe streichen oder mehr Kleidung in diesem Farbton tragen. Das bedeutet nicht, dass Sie andere

Farben aus Ihrem Leben ausschließen müssen. Jede Farbe hat ihren eigenen Einfluss auf das Leben eines Menschen. Aber die Resonanzfarbe ist diejenige, die den größten positiven Einfluss hat. Sie können Ihr Pendel sogar benutzen, um herauszufinden, welche Farben in Ihrem Leben fehlen und die Sie mehr einbeziehen sollten. Wenn Ihr Pendel Ihnen eine Antwort auf all diese Fragen gibt, können Sie weitere Fragen stellen, um die Richtigkeit der Antwort zu prüfen.

Nutzen Sie Ihr Pendel zum Verstehen synchronistischer Ereignisse

An bestimmten Tagen haben Sie vielleicht das Gefühl, dass einige zufällige Dinge nacheinander passieren und dass sie etwas bedeuten. Auch wenn diese synchronistischen Ereignisse manchmal wirklich zufällig sind, können sie auch eine tiefere Bedeutung haben. Das Universum arbeitet auf vielerlei Weise, um uns in unserem Leben Botschaften zu senden. Diese Ereignisse sind ein Weg, auf dem das Universum Ihnen Schutz- oder Heilbotschaften sendet. Wenn Sie diese Botschaften entschlüsseln, können Sie Einblicke in einige wichtige Dinge gewinnen.

Das Universum kann alles als Zeichen verwenden, von einem Lied bis zu einem Pfennig auf dem Bürgersteig. Wenn Ihnen etwas Ungewöhnliches auffällt und Ihre Aufmerksamkeit erregt, versuchen Sie, ein wenig mehr darüber nachzudenken, denn es könnte etwas bedeuten. Es könnte ein Teil eines Puzzles sein und mehr Bedeutung haben, als Sie ihm sonst zutrauen würden. Sie können Ihr Pendel benutzen, um über die Bedeutung solcher Ereignisse in Ihrem Leben nachzudenken.

Programmieren Sie Ihr Pendel und stellen Sie einige Fragen, die Ihnen Klarheit verschaffen werden, wie z.B.:

1. Stehen die Ereignisse, die heute passiert sind, in einem Zusammenhang?
2. Soll ich die Bedeutung dieser Ereignisse tiefer ergründen?
3. Versucht das Universum, mit mir zu kommunizieren?
4. Bedeuten diese Ereignisse ....?
5. Sollen mich diese Ereignisse über etwas aufklären?

Während Sie diese Fragen stellen, können Sie versuchen, Antworten vom Pendel zu erhalten, um herauszufinden, was die synchronisierten Ereignisse bedeuten.

Kapitel 8: Eigenschaften von Kristallpendeln

Pendel können für eine ganze Reihe von Dingen verwendet werden. Diese Pendel können aus verschiedenen Materialien hergestellt werden, wobei Kristalle zu den am häufigsten verwendeten Materialien gehören. Sie sollten sich darüber im Klaren sein, dass jeder Kristall seine eigene Verwendung hat und für verschiedene Zwecke geeignet ist.

Alternative und komplementäre Medizin hat in den letzten Jahren an Popularität gewonnen. Dazu gehören Yoga, Akupunktur und Kristallheilung. Bevor Sie mit der Verwendung von Kristallpendeln zur Heilung beginnen, hilft es Ihnen, ein wenig mehr über die Kristallheilung zu erfahren.

Kristalle üben seit jeher eine große Anziehungskraft aus, weil sie so schöne Farben und Formen haben. Aber auch wegen ihrer Eigenschaften fühlen Sie sich zu ihnen hingezogen. Jeder Kristall ist anders, und Sie werden ihre Verwendungsmöglichkeiten kennenlernen, um Körper, Geist und Seele zu heilen. Sie können verwendet werden, um den positiven Energiefluss durch den Körper zu fördern und jegliche Energie loszuwerden, die Ihnen schaden könnte.

Die Kristallheilung ist eine uralte Praxis, die auf Philosophien aus dem Buddhismus und Hinduismus zurückgeht. Obwohl es keine wissenschaftlichen Beweise für die Kristallheilung gibt, wird sie auch in der heutigen Zeit noch praktiziert. Die Menschen fühlen sich von Kristallen wegen ihrer Schönheit angezogen, aber die möglichen Vorteile ihrer Verwendung für die Heilung haben noch eine weitere Anziehungskraft.

Reflexion, Achtsamkeit und Akzeptanz spielen bei der Kristallheilung eine wichtige Rolle. Viele Forschungen haben gezeigt, dass der Geist eine heilende Kraft hat. Wenn Sie Kristallpendel verwenden, werden Sie diese Kraft auch in Ihrem Geist nutzen. Auch wenn Sie sich über die Vorteile von Kristallen nicht im Klaren sind, bleiben Sie offen. Durch Ausprobieren können Sie über Ihr Wissen hinauswachsen.

Wenn Sie sich über die Eigenschaften der einzelnen Kristalle informieren, können Sie denjenigen auswählen, der für Ihre Zwecke am besten geeignet ist. Wenn Sie das richtige Kristallpendel auswählen, können Sie es optimal nutzen, und seine Kräfte werden verstärkt. Wenn Sie das richtige Pendel in die Hand nehmen, werden Sie eine Verbindung zu ihm spüren, die sich wie ein Kribbeln anfühlt. Sobald Sie sich Ihrem Pendel hingeben, wird es Sie nach bestem Wissen und Gewissen leiten. Es gibt unendlich viele Möglichkeiten mit Pendeln. Wenn Sie bereit sind, sich für das richtige Pendel zu entscheiden, wird Ihnen das Wissen über die Eigenschaften der verschiedenen Kristalle dabei helfen, in ein Pendel zu investieren, das Ihren Zielen entspricht.

Pendel aus klarem Quarz

Dieser Kristall ist mit dem Kronenchakra und allen Elementen verbunden. Er ist ein farbloser oder weißer Kristall, der mit der Sonne in Verbindung gebracht wird. Er wird als der Meisterheiler bezeichnet und kann Ihre Energie und Gedanken verstärken. Der klare Quarz hat auch die Fähigkeit, die Eigenschaften jedes anderen Kristalls, den Sie verwenden, zu verstärken. Er kann alle Arten von negativer Energie beseitigen und Hintergrundstrahlung wie elektromagnetischen Smog neutralisieren. Ein Pendel aus klarem Quarz bringt die mentalen, physischen, spirituellen und emotionalen Ebenen ins Gleichgewicht und revitalisiert sie. Es wirkt wie ein Reinigungsmittel für die Seele und Ihren physischen Körper. Sie können es verwenden, um Ihren Geist mit der physischen Dimension zu verbinden. Er kann auch Ihre Organe reinigen und stärken. Vor allem aber können Sie ein Pendel aus klarem Quarz verwenden, um Ihre übersinnlichen Fähigkeiten zu verbessern. Es kann Ihr Gedächtnis aktivieren und Ihre Konzentrationsfähigkeit verbessern. Es stimuliert auch Ihr Immunsystem und bringt Ihren Körper wieder ins Gleichgewicht. Wenn Sie das Gleichgewicht in all

Ihren Chakren wiederherstellen möchten, können Sie einen klaren Quarzkristall wählen.

Amethyst Kristallpendel

Amethyst wird auch das Beruhigungsmittel der Natur genannt. Ein Pendel aus diesem Kristall ist ein äußerst effektiver Heiler. Es kann Ihren Geist, Ihren Körper und Ihre Seele heilen. Er wird häufig zur Behandlung von Problemen wie Stress, Schlaflosigkeit und Fibromyalgie eingesetzt. Dem Stein wird nachgesagt, dass er seinem Träger Mut und Stärke verleiht. Die beruhigende Eigenschaft des Amethysts hilft, Kreativität freizusetzen. Der Amethyst fördert auch die Ruhe, was für Menschen, die unter Stimmungsschwankungen oder Süchten leiden, hilfreich ist.

Aqua Aura Kristallpendel

Wenn Sie einen Kristall zur Meditation verwenden und die Frequenz Ihrer Energie erhöhen möchten, wäre ein Aqua Aura Kristallpendel geeignet. Dieser Kristall aktiviert auch die Energie von anderen Kristallen und Mineralien. Er wird zur Behandlung von Problemen wie Angstzuständen und Depressionen verwendet und fördert das allgemeine Wohlbefinden.

Hämatit Kristallpendel

Dieser Kristall hat entgiftende und reinigende Eigenschaften. Sie können ihn verwenden, um Ihr Immunsystem zu stärken und Ihren Körper vor Krankheiten zu schützen. Er eignet sich auch hervorragend zur Behandlung von Beschwerden im Zusammenhang mit Nieren, Leber und Blase. Wenn Sie unter Anämie leiden, ist dies der beste Kristall zur Heilung.

Aventurin Kristallpendel

Wenn Sie mit dem Abnehmen zu kämpfen haben, können Sie Aventurin verwenden, um Ihren Stoffwechsel anzuregen. Er wird Ihnen helfen, den Cholesterinspiegel zu senken und den Blutdruck auszugleichen. Dieser Kristall kann auch zur Behandlung von Migräne, Hautausbrüchen und Allergien verwendet werden.

Citrin Kristallpendel

Dieser Kristall wird als Erfolgsstein bezeichnet und soll dabei helfen, alles zu manifestieren, was Sie sich im Leben wünschen. Er wird auch zur Steigerung des Energieniveaus verwendet. Sie können ihn zur Behandlung von Schilddrüsenerkrankungen verwenden. Er ist auch gut für die Behandlung des chronischen Müdigkeitssyndroms.

Labradorit Kristallpendel

Labradorit wird für die Energiereinigung verwendet. Er kann helfen, alle negativen Energien zu klären und alle blockierten Chakren zu öffnen. Sie können ihn verwenden, um Ihre Gedanken zu filtern und Ihren Geist zu beruhigen, wenn er überaktiv ist. Er hilft auch bei Beschwerden, die mit der Lunge zu tun haben, wie z.B. bei Atemwegserkrankungen oder Erkältungen.

Lapislazuli Kristallpendel

Dieser Kristall wird Ihnen helfen, tiefer zu meditieren. Er kann Ihre Einsicht verbessern und ist ein reinigender Stein. Lapislazuli eignet sich auch hervorragend für Menschen, die Probleme mit Wut oder Ärger haben. Er kann Ihr Immunsystem stärken und den Blutdruck senken. Er ist auch gut für die Linderung von Schlaflosigkeit und Migräneproblemen.

Pyrit Kristallpendel

Pyrit ist ein starker Schutzkristall. Er wird auch Narrengold genannt. Sie können ihn zum Schutz vor negativer Energie und auch vor Umweltschadstoffen verwenden. Er ist nützlich bei der Behandlung von Lungenbeschwerden oder Infektionskrankheiten.

Rosenquarz Kristallpendel

Der Rosenquarz ist ein rosa Kristall, der mit der Liebe in Verbindung gebracht wird. Dieser Kristall hat eine sehr sanfte und beruhigende Energie, die Sie beruhigen kann, wenn Sie aufgebracht sind. Wenn Sie dieses Pendel um den Hals tragen und es in der Nähe Ihres Herzens aufbewahren, ist es noch wirkungsvoller. Er fördert die Selbstliebe und hilft Ihnen, emotionale Wunden zu heilen. Dieser Kristall wird auch positive Beziehungen in Ihrem Leben anziehen. Wenn Sie mit innerem Frieden oder Einsamkeit zu kämpfen haben, könnte dies das richtige Pendel für Sie sein.

Türkis Kristallpendel

Türkis ist ein wunderschöner blauer Stein, der als Glücksbringer gilt, der Emotionen ausgleicht und eine spirituelle Erdung ermöglicht. Dieser Stein kann den Körper, den Geist und die Seele heilen. Bei Beschwerden des Immunsystems, der Atemwege oder des Skelettsystems ist ein Türkispendel die richtige Wahl.

Jaspis Kristallpendel

Jaspis wird auch der oberste Versorger genannt. Er absorbiert alle negativen Schwingungen und schützt den Träger. Er fördert Selbstvertrauen und Mut und ermöglicht schnelles Denken. Dies wiederum ermöglicht es dem Träger, mit schwierigen Problemen besser umzugehen. Dieser kraftvolle Stein baut Stress ab und hilft dem Träger, mit stressigen Situationen umzugehen, anstatt ihnen auszuweichen.

Obsidian Kristallpendel

Obsidian ist einer der am stärksten schützenden Steine, den Sie für Ihr Pendel wählen können. Er wirkt wie ein Schutzschild gegen jegliche Negativität, ob emotional oder physisch. Wenn Sie diesen Stein tragen, hilft er Ihnen, emotionale Blockaden zu lösen und mehr Mitgefühl und Klarheit zu entwickeln. Obsidian wird im Allgemeinen zur Entgiftung des Körpers verwendet und unterstützt die Verdauung. Er kann auch helfen, Schmerzen zu lindern, z.B. bei Krämpfen.

Tigerauge Kristallpendel

Ein Tigerauge ist ein goldener Stein, der seinem Träger einen Schub an Kraft und Motivation verleiht. Er hilft, Selbstzweifel zu beseitigen und lindert Gefühle von Angst und Furcht. Dieser Stein kann seinem Träger zu Ausgeglichenheit und Harmonie verhelfen, so dass er bessere Entscheidungen treffen kann. Er ist auch hilfreich, wenn es um Herzensangelegenheiten geht.

Mondstein Kristallpendel

Mondsteine sind in der Regel klar, weiß oder regenbogenfarbig. Dieser schöne Stein hilft, ein Gleichgewicht zu erreichen und ist besonders für Frauen geeignet. In der Antike wurde der Mondstein von Reisenden als schützender Talisman mitgeführt. Das Tragen eines Mondsteinpendels kann Depressionen und Ängste lindern. Er ist auch ein guter Stein für Menschen, die unter Schlaflosigkeit leiden. Laut manchen Menschen kann der Mondstein auch zur Heilung von Krankheiten eingesetzt werden, die in der Kindheit oder im Alter auftreten.

Saphir Kristallpendel

Saphir ist ein blauer Stein, der mit Königtum und Weisheit assoziiert wird. Er zieht Freude, Wohlstand und Frieden an. Es heißt auch, er fördere bessere intuitive Fähigkeiten. Wenn es um die körperliche Gesundheit geht, hilft ein Saphir bei der Heilung von Beschwerden im Zusammenhang mit dem Blut, den Zellen und den Augen. Er ist auch gut für die Behandlung von Schlaflosigkeit und Depressionen.

Rubin Kristallpendel

Der Rubin ist ein attraktiver roter Stein, der die Energie und Vitalität seines Trägers wiederherstellt. Er wird mit einem höheren Intellekt und mehr Sinnlichkeit in Verbindung gebracht. Dieser Stein kann die Selbsterkenntnis fördern. Es gibt Aufzeichnungen aus der Antike, dass dieser Stein zur Entgiftung des Blutes und zur Verbesserung der Kreislaufgesundheit verwendet wurde.

Granat Kristallpendel

Die roten Farbtöne des Granats gelten als energetisierend. Die energetisierende Eigenschaft trägt zu einer schnelleren Heilung bei. Wenn Sie ein Granatpendel tragen, wird der gesamte Körper revitalisiert und das Immunsystem gestärkt. Sowohl das emotionale als auch das körperliche Wohlbefinden werden gefördert. Granat gilt auch als Schutzstein, der einen Menschen vor schlechtem Karma und Bösem bewahren kann. Es ist optimal, dieses Pendel um den Hals zu tragen, damit es in der Nähe des Herzens bleiben kann.

Bernstein Kristallpendel

Bernsteinkristalle sind in der Regel gelb, rot oder braun gefärbt. Ein Pendel aus diesem Kristall hilft, Stress und Kopfschmerzen zu lindern. Er fördert auch den persönlichen Ausdruck des Trägers. Bernstein ist ein Reinigungsstein, der zur Säuberung verwendet wird und hilft, Krankheiten aus dem Körper zu entfernen. Das Tragen dieses Steins lindert Schmerzen und fördert die Heilung der Person.

Citrin Kristallpendel

Der Citrin gilt als Manifestationsstein und wird auch zur Förderung der Kreativität eingesetzt. Der Stein hat eine leuchtend gelbe Farbe und sollte eine gute Klarheit haben. Er ist mit dem Sakralchakra im Körper verbunden. Ein Citrin-Pendel wird dem Träger positive Energie zuführen und das emotionale Wohlbefinden steigern. Er ist auch gut für die Behandlung von Entzündungen und Schmerzen. Es wird angenommen, dass der Citrin bei Verdauungsbeschwerden und Leberproblemen hilft.

Aquamarin Kristallpendel

Aquamarin ist die Farbe des Ozeans und ist wahrscheinlich einer der schönsten Kristalle, die Sie für Ihr Pendel wählen können. Mit diesem Stein sind viele traditionelle Glaubensvorstellungen verbunden. Seeleute trugen ihn als Glücksbringer auf See mit sich. Viele Menschen verwenden diesen Stein immer noch als Schutzstein. Außerdem glaubt man, dass der Aquamarin seinem Träger helfen kann, eine Zeit der Trauer besser zu bewältigen. Der Stein fördert die Heilung und kann Freude bringen. Er wird auch für die Meditation verwendet. Aquamarin-Pendel helfen bei Beschwerden der Augen, des Verdauungssystems und der Zähne.

Vorteile von Kristallpendeln

Wenn Sie sich für die Verwendung von Kristallpendeln entscheiden, können Sie von den verschiedenen Vorteilen profitieren, die damit verbunden sind. Kristalle werden seit Jahrhunderten zur Heilung von Geist, Körper und Seele eingesetzt. Da sie der Erde entnommen werden, sind sie mit deren heilender Energie verbunden. Wenn Sie ein Kristallpendel verwenden oder bei sich tragen, können Sie seine Energie und Eigenschaften nutzen. Mit Kristallpendeln werden viele Vorteile verbunden.

Energieschub

Jeder fühlt sich irgendwann einmal müde oder erschöpft. Immer, wenn Sie das Gefühl haben, dass Ihnen die Energie ausgeht, können Sie sich an einen bestimmten Kristall wenden, um einen Energieschub zu erhalten. Der Hämatit ist zum Beispiel sehr gut geeignet, um Ihnen Energie zu geben und Ihren Antrieb zu steigern. Dieser Kristall hilft Ihnen, Lethargie zu überwinden, negative Gedanken loszuwerden und sich für Ihre Aufgaben zu begeistern. Dieser besondere Stein wurde in der Antike in Amuletten verwendet. Man glaubte, dass der Hämatit die Blutzirkulation fördern kann, indem er das Blut reinigt. Andere rote Steine wie der Rubin haben ebenfalls eine ähnliche energetisierende Wirkung.

Gesteigerte Kreativität

Hatten Sie schon einmal das Gefühl, dass Sie eine kreative Blockade haben? Das ist der Fall, wenn Sie sich uninspiriert fühlen oder ein Burnout erleben. Zu diesem Zeitpunkt sind Ihre kreativen Kanäle wahrscheinlich blockiert. Kristalle können helfen, diese Blockaden zu lösen und Ihre kreativen Fähigkeiten wieder zu steigern. Der leuchtend orangefarbene Karneolkristall ist einer der wirksamsten Steine für diesen Zweck. Er wird Sie enthusiastischer machen und Ihnen helfen, Ihre Ziele zu erreichen. Dieser Stein fördert die Vitalität und macht Sie aktiver.

Geistige Klarheit und optimale Gesundheit

Kieselsäure bildet die Quarzkristalle, die Sie aus der Erde gewinnen. Wenn Sie mit Kieselerde in Berührung kommen, bringt sie Energie zusammen. Kristalle verbessern Ihre Gesundheit und fördern die Heilung, wenn Sie krank sind. Sie können Ihre Kristalle verwenden, um Ihren Geist und Ihren Körper ins Gleichgewicht zu bringen. Sie erhöhen Ihre Schwingungen und sorgen für mehr geistige Klarheit. Sie helfen Ihnen auch, sich auszudrücken und aufgestaute Emotionen loszulassen.

Linderung von Stress oder Ängsten

Stress und Ängste gehören zu unserem Leben dazu. Die meisten Menschen leiden heutzutage unter einer Art von Angststörung. Dies ist ein weiterer Bereich, in dem Kristalle Ihnen helfen werden. Verschiedene Kristalle haben eine stresslindernde Wirkung und bringen

Ruhe in das Gemüt der Anwender. Amethyst und Celestit sind einige Kristalle, die gut zur Bekämpfung von Angstzuständen geeignet sind. Sobald Sie diese Kristalle verwenden, werden Sie feststellen, wie viel einfacher es ist, gut zu schlafen oder zu arbeiten, ohne sich gestresst zu fühlen.

Bringen von Fülle und Wohlstand

Bestimmte Kristalle ziehen Überfluss und Wohlstand an. Der Citrin zum Beispiel hilft Ihnen, Ihre Ausgaben zu kontrollieren und Ihre Finanzen besser zu verwalten. Viele Menschen glauben, dass dieser Stein dazu beiträgt, dass immer mehr Geld in Ihr Portemonnaie fließt, als Sie aus ihm herausnehmen. Malachit ist ein weiterer Kristall, der Glück bringt, wenn die Trägerin oder der Träger Geschäfte abschließt oder finanzielle Angelegenheiten regelt. Ein steinähnlicher grüner Peridot wird Ihnen helfen, jede finanzielle Chance zu nutzen, die sich Ihnen bietet.

Verbesserte Karriere

Sie können Kristalle auch verwenden, um Ihre Karriereaussichten zu verbessern. Kristallpendel können Ihnen helfen, den richtigen Karriereweg zu wählen. Sie können Sie auch bei Entscheidungen im Laufe Ihrer Karriere unterstützen. Der Hämatit hilft Ihnen, festgefahrene Projekte durchzuarbeiten. Obsidian kann dazu beitragen, dass die Dinge reibungslos ablaufen. Serpentin hilft Ihnen, sich auf neue Übergänge einzustellen.

Liebe kultivieren

Der Rosenquarz ist einer der am häufigsten verwendeten Kristalle der Welt und wird für die Kultivierung von Liebe verwendet. Kristalle wie dieser helfen dabei, das Herz zu öffnen und die Person offener dafür zu machen, Liebe zu empfangen und zu geben. Sie können sich von ihnen leiten lassen, wenn Sie Entscheidungen in Bezug auf Ihre Beziehungen treffen. Sie helfen Ihnen auch, emotionale Wunden zu heilen.

Wie Sie Ihre Kristalle pflegen

Reinigen

Die Reinigung des Kristalls ermöglicht es Ihnen, ihn zu säubern und seine Bedeutung zu ehren. Wenn Sie Ihre Kristalle reinigen, würdigen Sie den Weg, den sie zurückgelegt haben, bevor sie in Ihre Hände kamen.

Der Zweck der Reinigung von Kristallen ist es, sie in ihren reinsten und klarsten Zustand zurückzubringen. Wenn sie durch verschiedene Hände gehen oder an verschiedenen Orten getragen werden, absorbieren sie die Energie, die mit ihnen in Berührung kommt, weshalb es wichtig ist, sie zu reinigen. Wenn Sie einen Kristall verwenden, ohne ihn zu reinigen, setzen Sie sich ebenfalls diesen Energien aus. Stellen Sie sich vor, dass er den Schmutz um sich herum aufnimmt und gewaschen werden muss.

Jede Unreinheit oder negative Energie, mit der Ihr Kristall in Berührung kommt, wird spürbar, wenn Sie ihn ohne Reinigung halten oder verwenden. Es ist wichtig, dass Sie während des Reinigungsprozesses einen klaren Geist haben. Ihre Absichten und Ihr Geist müssen klar sein. Sie können Glöckchen oder Salbei verwenden, um den Raum zu reinigen, in dem Sie den Kristall reinigen. Das Aufsagen eines Mantras ist ebenfalls hilfreich. Der Prozess der Reinigung ist ein Ritual, daher müssen Sie ihn friedlich und achtsam angehen. Die verschiedenen Methoden der Reinigung wurden in einem früheren Kapitel dieses Buches ausführlich erläutert. Sie können vom Mondlichtbad bis zum Räuchern alles für die Reinigung Ihrer Kristalle verwenden.

Wann Sie sie reinigen sollten

Jeder Kristall sollte von alten Energien befreit werden, sobald Sie ihn erworben haben. Kristalle nehmen auch weiterhin Energie auf, wenn Sie sie benutzen. Sie müssen Ihre Kristalle von Zeit zu Zeit zwischen den Verwendungen reinigen und wieder aufladen. Gelegentlich werden Sie feststellen, dass sich Ihr Kristall stumpf oder schwer anfühlt. Das bedeutet in der Regel, dass Ihr Kristall eine Reinigungs- und Aufladesitzung benötigt.

Wenn Sie Ihren Kristall für eine intensive Arbeit wie die Heilung einer Krankheit verwenden, sollten Sie daran denken, ihn zu reinigen. Wenn Sie den Kristall reinigen, bevor Sie ihn wieder verwenden, kann er effektiver arbeiten. Je öfter Sie mit Kristallen arbeiten, desto tiefer wird Ihre Verbindung mit ihnen. Sie müssen Ihre Kristalle als einen Segen anerkennen und sie so ehren, wie sie es verdienen. Wenn Sie sich um Ihre Kristalle kümmern, werden sie noch besser für Sie arbeiten. Irgendwann haben Sie vielleicht sogar das Gefühl, dass ein Kristall seinen Zweck für Sie erfüllt hat und an jemand anderen verschenkt werden sollte, der davon profitieren kann. Hören Sie auf Ihre Intuition und auf die Botschaften, die Ihre Kristalle Ihnen senden.

Wie man Kristalle aufbewahrt

Wenn Sie Ihre Kristalle bei sich tragen oder aufbewahren, müssen Sie darauf achten, sie so aufzubewahren, dass sie nicht beschädigt werden. Raue Steine sollten getrennt von getrommelten Steinen aufbewahrt werden. Sie müssen Ihre Kristalle so aufbewahren, dass sie nicht zerkratzt oder abgeschlagen werden.

Außerdem sollten Sie harte Steine getrennt von weichen Steinen aufbewahren. Die harten Steine können die weicheren Steine beschädigen. Mineralien wie Glimmer und Talk liegen am weichen Ende der Mohs-Härteskala. Sie sind so schwach, dass es schwierig ist, sie zusammen aufzubewahren. Selenit, Alabaster und Wüstenrose gehören alle zu den weichen Steinen. Sie sollten trocken aufbewahrt werden und können sich leicht zersetzen, wenn sie mit harten Steinen zerkratzt werden. Sie können ein weiches Tuch verwenden, um diese Kristalle sauber zu reiben. Harte Steine am anderen Ende der Skala können sogar Glas zerkratzen. Sie können ein Brillentuch verwenden, um sie zu reinigen. Staub und Ablagerungen können Sie entfernen, indem Sie diese Steine in Salzwasser baden.

Wenn Sie große Kristalle verwenden, bewahren Sie sie in einem Regal oder an einem Ort auf, an dem sie nicht mit Dingen in Berührung kommen, die sie beschädigen könnten. Die größte Bedrohung für die meisten Ihrer Kristalle ist ein anderer Kristall. Verwenden Sie für die kleineren Kristalle, die Sie bei sich tragen, ein Seiden- oder Satinetui. Wenn Sie Ihre Kristalle mit Sorgfalt behandeln, bleiben sie rein und wirksam. Wenn Sie mit mehr als einem Kristall reisen, verpacken Sie jeden einzeln. Die grob bearbeiteten Kristalle sollten nicht miteinander in Berührung kommen, da die Schärfe das, was sie berühren, beschädigen könnte. Sie können zum Einwickeln der Kristalle auch Seidenpapier verwenden.

Was Sie beachten sollten:
- Bestimmte Kristalle verblassen, wenn sie unter direktem Sonnenlicht aufbewahrt werden. Dazu gehören Citrin, Amethyst, Opal, Fluorit, Topas, Aquamarin und Kunzit. Die Reinigung bei Mondlicht ist für diese Steine besser geeignet.
- Nehmen Sie sich die Zeit, etwas zu recherchieren, bevor Sie einen Kristall verwenden. Es ist leicht, im Internet oder in

einem Buch Informationen über alles nachzuschlagen. Sie sollten die richtigen Kristalle für den richtigen Zweck verwenden und sie auf die am besten geeignete Weise reinigen und aufladen.

- Fehler passieren. Auch wenn Sie vorsichtig sind, kann es passieren, dass Sie einen Kristall beschädigen oder zerbrechen, aber das ist kein Grund zur Besorgnis. Vielleicht können Sie ihn trotzdem verwenden. Es kann aber auch ein Zeichen dafür sein, dass Sie diesen Kristall nicht verwenden sollten.

Kapitel 9: Verwendung von Pendeln für die körperliche Heilung

Pendel können ein praktisches Hilfsmittel sein, wenn Sie eine körperliche Heilungssitzung durchführen. Dies ist etwas, das viele ganzheitliche Heiler tun und auch empfehlen. Ein Pendel kann zwar keine Krankheiten behandeln, aber es hilft bei der Diagnose und ist auf ähnliche Weise nützlich. Bei der körperlichen Heilung können sie auf verschiedene Weise eingesetzt werden. Pendel sind eine ergänzende Form der ganzheitlichen Heilung. Selbst wenn Sie kein praktizierender Heiler sind, können Sie einige Schritte unternehmen, um einer zu werden, sobald Sie mehr darüber erfahren haben.

Wie Sie wissen, ist ein Pendel ein mächtiges Werkzeug. Es kann verwendet werden, um Dinge zu finden, etwas vorherzusagen und Krankheiten zu diagnostizieren. Ein Pendel kann verwendet werden, um eine Krankheit im Körper aufzuspüren und kann sogar bis zu einem gewissen Grad heilen, je nach den Eigenschaften des verwendeten Kristalls. Wie Sie dies tun können, wird im Folgenden erklärt.

Zunächst müssen Sie verstehen, dass Pendel richtig eingesetzt werden müssen, um genaue Ergebnisse zu erzielen. Verschiedene Kristallpendel sind bei der Erkennung verschiedener Krankheiten nützlich. Wenn Sie den Abschnitt über die Eigenschaften der Kristalle weiter vorne in diesem Buch lesen, werden Sie eine bessere Vorstellung davon bekommen, mit welchen Krankheiten jeder einzelne Kristall in Verbindung gebracht wird. Je nachdem, mit welcher Körperregion der Kristall in Verbindung steht, können Sie mit Hilfe des Pendelns Krankheiten aufspüren und heilen. Einige Pendel, die sich besser für mehrere Zwecke eignen, sind Bergkristall, Hämatit und Moosachat. Sie können ein universelles Pendel wie diese verwenden und je nach der Krankheit, die Sie zu haben glauben, spezifische Pendel einsetzen.

Krankheiten mit einem Pendel erkennen

1. Benutzen Sie das Pendel für sich selbst oder für jemand anderen? Halten Sie das Pendel entsprechend über den Körper und stellen Sie ihm dann eine beliebige Frage. Wenn Sie zum Beispiel das Gefühl haben, einen Tumor im Körper zu haben, können Sie ein Shungite-Pendel verwenden und es bitten, Ihnen zu helfen, den Ort des Tumors zu erkennen. Oder Sie könnten es einfach fragen, ob Sie überhaupt einen Tumor haben. In ähnlicher Weise müssen Sie den Kristall verwenden, der mit der Krankheit verbunden ist, die Sie diagnostizieren oder heilen möchten. Sie können das Pendel verwenden, um Antworten auf alles zu erhalten, was Sie im Sinn haben. Denken Sie daran, dass dies kein Ersatz für die Schulmedizin ist. Suchen Sie einen Arzt auf, wenn Sie befürchten, einen Tumor zu haben.

2. Sobald Sie die Frage gestellt haben, beginnen Sie, das Pendel über Ihren Körper zu bewegen. Lassen Sie es langsam über alle möglichen Körperregionen wandern. Es ist wichtig, dass Sie sich dabei Zeit lassen, denn das Pendel braucht Zeit, um zu reagieren, wenn es ein Leiden feststellt.

3. Wenn Sie das Pendel über einen Bereich halten, der geheilt werden muss, beginnt es normalerweise zu vibrieren. Die Schwingung des Pendels kann auf eine Krankheit hinweisen, die sich bereits manifestiert hat, oder es kann Ihnen sagen, dass es eine Energieblockade gibt, die zu einem Problem führen könnte. Sie müssen auf die subtilen Bewegungen des Pendels achten, um zu erkennen, wann es reagiert.

4. Sie werden feststellen, dass sich das Pendel normalerweise in einer schwingenden Bewegung bewegt, wenn es sich über Körperteilen befindet, die keine Probleme haben. Wenn ein bestimmter Körperteil erkrankt ist, beginnt das Pendel, sich im

Kreis zu bewegen, anstatt die Hin- und Herbewegung fortzusetzen.

5. Wenn Sie diese Veränderung der Bewegung über einem Körperteil bemerken, konzentrieren Sie sich auf diese Stelle. Bewegen Sie das Pendel gründlich über diese Stelle, um zu verstehen, wo sich die Krankheit ausgebreitet haben könnte. Es ist wichtig, dass Sie dabei langsam vorgehen. Fragen Sie das Pendel immer wieder, ob eine Krankheit vorhanden ist und prüfen Sie, ob Sie die richtige Krankheit vermuten.

6. Wenn Sie dies ein paar Mal tun, werden Sie eine Antwort auf Ihre Frage erhalten. Nachdem Sie die problematische Region mit Ihrem Pendel aufgespürt haben, können Sie Schritte zur Heilung einleiten. Während einige Pendel nur zum Aufspüren von Krankheiten verwendet werden, helfen andere Ihnen auch bei der Heilung von Krankheiten.

Jetzt wissen Sie, wie Sie eine Krankheit mit einem Pendel erkennen können. Was tun Sie, wenn Sie ein Problem diagnostiziert haben? Der nächste Schritt ist die Heilung, und das ist eine weitere Möglichkeit, wie Sie ein Pendel verwenden können, aber es ist wichtig zu wissen, dass ein Pendel nicht das einzige Instrument der Heilung sein kann. Es ist in der Regel nur ein Aspekt der Behandlung, und Sie müssen alle notwendigen Schritte unternehmen, um sicherzustellen, dass die Krankheit aus Ihrem Körper oder dem der Person, die Sie heilen, entfernt wurde.

Heilen mit einem Pendel

1. Wenn Sie die oben genannten Schritte befolgen, können Sie Ihr Pendel benutzen, um die Region im Körper aufzuspüren, in der sich eine Krankheit befindet. Sobald Sie dieses Problem erkannt haben, müssen Sie an der Heilung arbeiten.

2. Verwenden Sie das entsprechende Pendel und bitten Sie es, Ihnen bei der Heilung der Krankheit zu helfen. Halten Sie das Pendel über die problematische Region und bitten Sie das Pendel, jegliche negative Energie zu beseitigen, die sich dort angesammelt haben könnte. Möglicherweise liegt eine Blockade vor, und Sie sollten es bitten, diese Blockade zu lösen, damit ein freier Fluss gesunder Energie möglich ist. Bitten Sie das Pendel, Heilenergie in den problematischen Teil des Körpers zu schicken. Nutzen Sie dabei die Kraft der Visualisierung, um sich

vorzustellen, wie das Pendel diesen Bereich heilt.
3. Halten Sie das Pendel über diese Stelle und bewegen Sie es langsam um den Bereich, in dem die Krankheit festgestellt wurde. Konzentrieren Sie sich darauf, sich vorzustellen, wie die Krankheit aus dem Körper entfernt werden kann.
4. Nehmen Sie sich mindestens zehn Minuten Zeit, um das Pendel über die kranke Stelle zu halten. Sie können das Pendel auch immer wieder über den ganzen Körper bewegen, wenn Sie glauben, dass dies hilft. Hören Sie nach zehn Minuten auf und wiederholen Sie den Vorgang. Machen Sie so weiter und setzen Sie Ihre Kraft dafür ein, bis Sie glauben, dass Sie so viel wie möglich für die Heilung dieser Stelle getan haben.
5. Das Pendel sollte auch während der Remissionsphase über der problematischen Region verwendet werden. Wiederholen Sie diesen Heilungsprozess so lange, bis Sie glauben, dass der Körper vollständig geheilt ist.

Wenn das Pendel über der problematischen Region zu schwingen beginnt, können die Schwingungen in das Feld der Aura dieser Person eindringen und das Pendel kann Heilenergie an die kranke Region weitergeben. Ihr Pendel wird Ihnen helfen, auf energetischer Ebene zu heilen. Es kann Ihnen helfen, dem Körper viel Heilenergie zu geben, damit er sich schneller selbst heilen kann. Die positive Energie des Pendels wird von der kranken Region aufgenommen und zur Heilung genutzt.

Wenn Sie ein körperliches Leiden heilen wollen, sollten Sie auch andere Maßnahmen ergreifen, wie z.B. sich gesund ernähren und die Anweisungen Ihres Arztes befolgen. Andere alternative Behandlungen, die mit Pendelheilung eingesetzt werden können, sind die Aromatherapie.

Pendel für die Heilung

Einige andere Anwendungsmöglichkeiten für Pendel sind:
1. Erdung.
2. Reinigung der Aura.
3. Chakra-Heilung.
4. Aussuchen von Kristallen zur Heilung.
5. Chakra-Ausgleich.

Erdung

Bevor Sie andere Formen der Therapie durchführen, müssen Sie sicherstellen, dass Sie oder die Person, die Sie heilen, geerdet sind. Wenn Sie nicht geerdet sind, kann es zu unangenehmen Symptomen kommen, die sich im Körper manifestieren.

- Zunächst sollten Sie die Person bitten, sich auf den Rücken zu legen. Vergewissern Sie sich, dass die Person bequem liegt, bevor Sie beginnen.
- Bitten Sie nun das Licht um die höchste Führung für sich selbst und die Person, die Sie heilen.
- Verbinden Sie sich mit dem Herzen der Person, die Sie heilen möchten. Dazu müssen Sie ein Pendel über die Herzgegend halten. Halten Sie das Pendel fest in der Hand und bleiben Sie dabei ruhig. Während Sie mit dem Pendel über der Herzgegend schweben, bitten Sie es, Ihnen zu helfen, sich mit dem Herzen zu verbinden. Sie werden sehen, dass das Pendel weiterschwingt, während es Sie mit dem Herzen verbindet und plötzlich anhält, sobald die Verbindung hergestellt ist. Wenn es nicht anhält, bewegt es sich vielleicht nur in einer Ja-Bewegung, was bedeutet, dass die Aufgabe abgeschlossen ist.
- Gehen Sie nun auf die Füße der Person zu und bewegen Sie sich langsam etwa 5 Zentimeter an ihren Füßen vorbei. Bleiben Sie dabei in einer Linie mit dem Körper der Person. Fragen Sie nun das Pendel, ob die Person geerdet ist. Das Pendel wird sich mit Ja oder Nein bewegen. Wenn es mit Nein schwingt, müssen Sie mehr an der Erdung arbeiten. Wenn Sie eine positive Antwort erhalten, können Sie mit den nächsten Schritten zur Behandlung der Krankheit fortfahren.
- Wenn das Pendel anzeigt, dass die Person nicht geerdet ist, dann müssen Sie etwas länger an der Erdung arbeiten. Stellen Sie sich, wie bereits erwähnt, ein paar Zentimeter von den Füßen entfernt auf und halten Sie das Pendel. Bitten Sie nun Ihr Pendel, die Person zu erden. Machen Sie das so lange, bis das Pendel Ihnen anzeigt, dass die Person geerdet ist. Es bewegt sich entweder in einer kreisförmigen Bewegung oder in einer Bewegung, die Ja bedeutet.
- Wenn das Pendel anzeigt, dass der Klient geerdet ist, sollten Sie das Pendel erneut fragen, um zu bestätigen, dass die Erdung

vollständig ist. Wenn Sie immer noch keine Ja-Antwort erhalten, müssen Sie den ganzen Vorgang noch einmal wiederholen. Wenn Sie eine positive Antwort erhalten, sollten Sie dem Pendel danken und mit der Heilsitzung fortfahren.

Aura-Reinigung

Jeder Mensch hat ein Energiefeld, das ihn umgibt und das als Aura bezeichnet wird. Dieses aurische Energiefeld wird von allem beeinflusst, was im Leben eines Menschen geschieht. Dabei kann es sich um ein großes Ereignis oder um eine Kleinigkeit handeln. Ein Streit mit jemandem wirkt sich auf Ihr geistiges Wohlbefinden aus, ebenso wie die Begegnung mit jemandem, den Sie nicht mögen. All diese Ereignisse in Ihrem Leben hinterlassen eine Delle in Ihrem aurischen Feld. Eine noch größere Auswirkung haben Ereignisse, bei denen Sie erheblich traumatisiert werden.

Wenn Sie einen Schaden erleiden oder ein Ungleichgewicht in den Schichten Ihrer Aura besteht, kann Sie dies anfällig für Krankheiten oder psychische Angriffe machen. Außerdem wird Ihr aurisches Feld dann leicht negative Energie aus Ihrer Umgebung absorbieren. Deshalb ist es wichtig, dass Ihre Aura ausgeglichen und frei von Schäden ist.

Hierfür können Sie Ihr Pendel und Ihre Hände verwenden.

- Ähnlich wie bei der Arbeit an den Chakren halten Sie das Pendel in Ihrer dominanten Hand und bewegen die freie Hand über Ihren Körper.
- Zunächst müssen Sie Ihre Hände ein paar Zentimeter über Ihrem Körper oder dem der Person platzieren, deren Aura Sie reinigen möchten.
- Nun bewegen Sie Ihre Hand langsam über den Körper der Person. Gehen Sie zuerst über die Vorderseite des Körpers und dann an den Seiten hinunter. Kehren Sie dabei zuerst zum Kopf zurück und bewegen Sie sich dann nach unten zu den Füßen der Person.
- Während Sie diesen Aura-Scan durchführen, spüren Sie die Energie der Aura. Sie werden bestimmte Veränderungen im Energiefeld spüren können, wenn Sie Ihre Hände bewegen.
- Während Sie Ihre freie Hand über den Körper bewegen, müssen Sie ihr mit der Hand folgen, die das Pendel hält. Wenn Sie mit Ihren Händen eine Energieveränderung spüren

können, sollten Sie auch eine Veränderung in der Bewegung des Pendels sehen. Dies bestätigt, was Ihr Aura-Scan Ihrer Hand mitteilt.

- Wenn es keine Delle in Ihrer Aura gibt und alles im Gleichgewicht ist, werden Sie ein federndes Gefühl haben. Liegt jedoch ein Ungleichgewicht vor, können Sie möglicherweise eine Vertiefung in der Aura spüren. Diese Vertiefung kann sich an verschiedenen Stellen unterschiedlich anfühlen. Vielleicht spüren Sie ein Kribbeln in der Handfläche oder vielleicht eine gewisse Hitze oder Kälte. Sie können diese Einbrüche im aurischen Feld auch auf andere Weise wahrnehmen. Vertrauen Sie einfach auf Ihre Intuition und notieren Sie sich die Stellen, an denen Sie die Einbrüche spüren.

- Nachdem Sie diesen Prozess durchlaufen haben, können Sie das Pendel zur Seite legen. Rufen Sie nun das Licht an und bitten Sie es um Hilfe. Legen Sie beide Hände schwebend über Ihren Kopf und bewegen Sie sich langsam nach unten zu den Füßen. Machen Sie dabei eine streichende oder ziehende Bewegung. Wiederholen Sie dies etwa zehn Mal.

- Danach sollten Sie Ihre Hände über die Regionen bewegen, in denen Sie eine Vertiefung in der Aura gespürt haben. Versuchen Sie, diese Vertiefungen erneut zu spüren. Zu diesem Zeitpunkt sollten Sie nicht mehr in der Lage sein, die Energie in diesen Bereichen von der Energie in anderen Bereichen zu unterscheiden. Wenn Sie die Einbrüche immer noch spüren, sollten Sie die vorherigen Schritte wiederholen. Zumindest sollten Sie an einigen Stellen eine positive Veränderung feststellen können. Wenn das Trauma schwerwiegend ist oder die Delle in Ihrer Aura zu tief ist, kann es ein wenig zusätzliche Arbeit erfordern, um das Gleichgewicht wiederherzustellen.

- Sobald Sie den Prozess der Aurareinigung abgeschlossen haben, sollten Sie dem Licht erneut Ihre Dankbarkeit ausdrücken. Nachdem der Prozess abgeschlossen ist, sollten Sie erneut prüfen, ob die Person geerdet ist.

- Die meisten Menschen bemerken nicht, wenn ihre Aura in irgendeiner Weise beeinflusst wird, aber sie sollten sich nach einer Aurareinigung ein wenig besser oder anders fühlen.

Auf diese Weise können Sie Pendel zur Heilung der Aura einsetzen.

Befreien Sie die Chakren

- Die Person muss in einer bequemen Position liegen, so wie es bei der Erdung beschrieben wurde.
- Nehmen Sie nun Ihr Pendel und halten Sie es ein wenig über den Körper. Bewegen Sie es langsam über alle Chakrapunkte im Körper. Wenn Sie jeden Punkt passieren, fragen Sie das Pendel, ob das jeweilige Chakra blockiert ist. Nehmen Sie sich Zeit, die Antwort des Pendels zu beobachten. Sagt das Pendel Ja oder Nein? Wiederholen Sie diesen Vorgang für jeden einzelnen Chakrapunkt. Notieren Sie sich die Antworten des Pendels.
- Wenn Sie die Pendel über die Chakrapunkte bewegen, fangen Sie oben an und gehen Sie der Reihe nach zum untersten Chakra. Beginnen Sie beim Kronenchakra und gehen Sie nach unten, bis Sie das Wurzelchakra erreichen. Es ist wichtig, dass Sie in dieser Reihenfolge vorgehen, damit der Energiefluss nicht unterbrochen wird. Chakren gibt es auf der Vorder- und Rückseite, daher müssen Sie das Pendel nach jedem Chakra fragen. Das Wurzel- und das Kronenchakra sind die einzigen, die nicht auf der Rückseite vorhanden sind. Während Sie die hinteren Chakren durchgehen, können Sie die Person bitten, sich umzudrehen und auf den Bauch zu legen. Wenn sich die Person dabei aber nicht wohl fühlt, können Sie in derselben Position weitermachen. Manchmal kann es den Prozess stören, wenn Sie die Person bitten, sich zu bewegen.
- Nachdem Sie alle Chakren überprüft haben, werden Sie wissen, ob es in einem von ihnen eine Energieblockade gibt. Nachdem Sie die Chakra-Blockaden identifiziert haben, können Sie mit der Arbeit am Chakra-Ausgleich beginnen. Dabei müssen Sie immer darauf achten, dass die Person geerdet ist.

Bringen Sie die Chakren ins Gleichgewicht

- Während sich die Person bequem hinlegt, halten Sie das Pendel Ihrer Wahl in Ihrer dominanten Hand. Halten Sie ihre freie Hand ein paar Zentimeter über dem Kronenchakra. Zu diesem Zeitpunkt brauchen Sie Ihrem Pendel keine Anweisungen zu geben. Das Pendel sollte von selbst in kreisförmigen Bewegungen schwingen. Achten Sie darauf, ob

sich das Pendel im oder gegen den Uhrzeigersinn bewegt. Lassen Sie Ihre freie Handfläche einige Minuten lang über dem Kronenchakra schweben, während Sie das Schwingen des Pendels beobachten.
- Wenn Sie sehen, dass das Pendel nicht schwingt, können Sie das Licht um Hilfe bitten. Bitten Sie es, das Pendel in Schwingung zu versetzen. Sie werden bald sehen, dass Ihre Bitte erhört wird.
- Sobald Ihr Pendel über dem Kronenchakra zu schwingen begonnen hat, können Sie zu dem darunterliegenden Chakra weitergehen. Das Pendel sollte nun in die entgegengesetzte Richtung schwingen. Wenn es im Uhrzeigersinn über dem Kronenchakra geschwungen hat, sollte es nun gegen den Uhrzeigersinn über dem dritten Augenchakra schwingen. In ähnlicher Weise müssen sich die Pendelbewegungen abwechseln, während sie sich über jedes Chakra einzeln bewegen.
- Wenn Sie sehen, dass sich das Pendel in dieselbe Richtung bewegt wie über dem vorherigen Chakra oder wenn es in seiner Bewegung auf irgendeine andere Weise eingeschränkt ist, deutet dies auf ein Ungleichgewicht oder eine Blockade in diesem Chakra hin.
- Gehen Sie über jedes Chakra und beobachten Sie die Bewegungen des Pendels. Wenn Sie das Wurzelchakra erreicht haben, prüfen Sie mit dem Pendel, ob die Person geerdet ist. Danken Sie dann dem Licht oder den höheren Mächten dafür, dass sie Ihnen bei diesem Prozess geholfen haben.
- Sobald sich die Person nach der Sitzung wieder aufgesetzt hat, sollten Sie ihr etwas Wasser anbieten. Geben Sie der Person die Möglichkeit, mit Ihnen über ihre Erfahrungen zu sprechen. Jedes Ungleichgewicht oder jede Blockade in den Chakren wird mit dem Kunden in Resonanz gegangen sein. Er wird in der Lage sein, bestimmte Situationen in seinem Leben mit diesen Blockaden in Verbindung zu bringen. Es ist auch wichtig, dass Sie sich nach der Anwendung des Pendels die Zeit nehmen, sich mit der Person zu verbinden.

Pendelheilung mit Diagrammen

Wenn Sie Pendel zum Heilen verwenden, bewegen sie sich auf eine Weise, die es Ihnen ermöglicht, Bereiche in Ihrem Körper zu identifizieren, die Aufmerksamkeit benötigen. Ein Pendel kann die Energieunterschiede in den verschiedenen Teilen Ihres Körpers erkennen. Es kann auch starke oder schwache Energien in Ihrer Umgebung aufspüren.

Beim Pendeln für die Gesundheit geht es nicht nur darum, Krankheiten im Körper aufzuspüren. Die Umgebung, in der Sie sich aufhalten, beeinflusst Ihre Gesundheit genauso wie das, was in Ihnen ist. Die Nahrung, die Sie zu sich nehmen, das Wetter und viele andere Faktoren beeinflussen Ihre Gesundheit. Ihr Körper und Ihr Geist sind diesen Dingen ständig ausgesetzt. Sie können Ihr Pendel benutzen, wenn Sie Obst und Gemüse kaufen, um zu prüfen, ob es frisch ist. Sie können es auch benutzen, um festzustellen, ob die Lebensmittel, die Sie essen, Ihnen guttun oder negative Auswirkungen auf Ihren Körper haben. Pendel können auch dazu verwendet werden, Bereiche in Ihrem Haus oder Büro aufzuspüren, die besser mit Ihrer Frequenz in Resonanz stehen.

Am einfachsten ist es, ein Pendel zu benutzen, um Fragen zu stellen, die mit Ja oder Nein beantwortet werden können. Ihr Pendel wird sich in eine Richtung bewegen, um Ja zu sagen, und in eine andere, um Nein zu sagen. Wenn Sie objektive Fragen stellen, erhalten Sie einfache Antworten. Sie können zum Beispiel fragen, ob Sie durch ein bestimmtes Lebensmittel zunehmen werden. Das ist besser als die Frage, ob Sie mit diesem Lebensmittel zunehmen oder abnehmen werden. Letzteres ist keine einfache Ja- oder Nein-Frage, so dass Sie keine eindeutigen Antworten erhalten werden.

Sie können Ihr Pendel auch für Fächerdiagramme verwenden. Ein Fächerdiagramm besteht aus einem Vollkreis oder einem Halbkreis, der in einige gleichseitige Winkel unterteilt ist. Diese lassen Raum für verschiedene Antworten, wenn Sie dem Pendel eine Frage stellen. Sie können eine Fächerkarte verwenden, um zu entscheiden, welche Lebensmittel Sie an einem bestimmten Tag essen sollten. Sie können verschiedene Obst- und Gemüsesorten oder sogar die Namen einiger Gerichte auf der Karte notieren. Dann können Sie das Pendel über die Fächerkarte halten und fragen, was Sie an diesem Tag essen sollten. Warten Sie auf die Bewegung des Pendels, und es wird in Richtung der

Lebensmittel schwingen, die Sie an diesem Tag essen sollten. Notieren Sie sich die Antwort, die das Pendel Ihnen gibt. Sie können es dann erneut fragen, ob es weitere Lebensmittel aus der Grafik gibt, die Sie essen sollten. Sie können diese Fragen so lange stellen, bis Ihr Pendel nicht mehr antwortet oder Ihnen ein Nein gibt.

Sie können Ihr Pendel auch mit einer Körperkarte verwenden. Eine Körperkarte enthält die Umrisse Ihres Körpers. Diese Grafiken können Zeichnungen Ihrer Organe enthalten, oder Sie können sogar die Chakren einzeichnen. Das Pendel kann dann über die Grafik geführt werden, um einen kranken Körperteil oder ein blockiertes Chakra anzuzeigen. Körpergrafiken werden oft von Heilern verwendet, die eine Ferndeutung vornehmen. Aber das ist etwas, das diejenigen mit mehr Erfahrung besser können. Bei einer Ferndiagnose müssen Sie sich nicht im selben Raum befinden wie der Heiler oder die Person, die Sie heilen möchten. Die Fernlesesitzung mit einem Körperdiagramm kann genutzt werden, um eine Krankheit zu diagnostizieren und der Person Heilenergie zu senden, auch wenn sie sich an einem anderen Ort befindet. Ihre physische Anwesenheit ist nicht erforderlich.

Wenn Sie ein Pendel zum Heilen verwenden, ist es wichtig, dass Sie konzentriert und entspannt sind. Sie müssen sich auf die Frage konzentrieren, die Sie dem Pendel stellen. Außerdem müssen Sie Ihren Geist offen und aufnahmefähig halten, um die richtige Antwort von Ihrem Pendel zu erhalten. Das Pendeln mit einem klaren und konzentrierten Geist ermöglicht eine effektive Heilung, aber es ist wichtig, sich daran zu erinnern, dass das Pendeln die Schulmedizin nicht ersetzen kann. Sie ist eher eine ergänzende Praxis und wird der Person helfen, schneller zu heilen, während sie auch eine allgemeinmedizinische Behandlung erhält.

Kapitel 10: Die Verwendung von Pendeln zur Energieheilung

Wenn Sie an Meditations- oder Yogakursen teilnehmen, werden Sie oft hören, wie die Lehrer über Chakren und ihre Rolle in Ihrem Körper und Leben sprechen. Es wird immer wieder betont, wie wichtig es ist, diese Chakren im Gleichgewicht zu halten und einen freien Energiefluss durch sie zu ermöglichen. Denn der Zustand Ihrer Chakren hat einen großen Einfluss auf Ihre geistige, körperliche und spirituelle Gesundheit. Wenn eine Blockade oder ein Ungleichgewicht in den Chakren besteht, wird sich dies negativ bemerkbar machen. Die Chakrenheilung kann auf viele verschiedene Arten erfolgen, unter anderem auch mit Hilfe von Pendeln. Im Folgenden erfahren Sie mehr darüber, was Chakren sind, wie sie sich auf Sie auswirken und wie Sie das Chakrensystem mit Hilfe Ihres Pendels heilen können.

Was sind Chakren?

Der Begriff Chakra hat seinen Ursprung im Sanskrit und bedeutet Rad oder Scheibe. Ein Chakra ist ein Energiezentrum in Ihrem Körper. Da durch diese Chakren ein ständiger Energiefluss fließt, werden sie als Energieräder visualisiert, was ihnen ihren Namen gibt. Jedes Chakra in Ihrem Körper korrespondiert mit den wichtigsten Organen und Nervenbündeln. Sie beeinflussen die Funktion der verschiedenen Systeme in Ihrem Körper und Ihr allgemeines Wohlbefinden. Die Chakren müssen offen und ausgeglichen sein, damit sie optimal funktionieren. Wenn ein Ungleichgewicht oder eine Blockade vorliegt, werden Sie je nach betroffenem Chakra emotionale oder körperliche Symptome verspüren.

Jeder Mensch hat sieben Hauptchakren in seinem Körper. Diese verlaufen vom oberen Teil des Kopfes bis zum unteren Teil des Körpers entlang der Wirbelsäule. Das unterste Chakra befindet sich an der Basis der Wirbelsäule, während das oberste Chakra am Scheitel des Kopfes liegt, aber diese sieben Chakren sind nur die Hauptchakren. Es gibt mehr als 100 Chakren in Ihrem Körper. Aber es ist wichtiger, sich auf diese sieben zu konzentrieren und dafür zu sorgen, dass die Energie ständig frei durch sie hindurchfließt.

Die sieben Chakren

Das Chakrasystem besteht aus sieben Hauptenergiesystemen an verschiedenen Stellen entlang der Wirbelsäule. Jedes Chakra hat seine eigene Bedeutung und sollte einzeln studiert werden.

Wurzelchakra

Muladhara ist das unterste Chakra und befindet sich an der Basis der Wirbelsäule eines Menschen. Dieses Chakra gibt Ihnen ein Fundament für das Leben. Es hilft dem Menschen, sich geerdet zu fühlen, und unterstützt ihn bei der Bewältigung aller Herausforderungen, denen er im Leben begegnet. Wenn Ihr Wurzelchakra stabil ist, vermittelt es Ihnen ein Gefühl von Stabilität und Sicherheit.

Wenn dieses Chakra blockiert ist, treten die folgenden Symptome auf:
- Schmerzen in Ihren Beinen und Füßen.
- Ein Gefühl der Unsicherheit und Instabilität.
- Chaotisches Leben zu Hause.
- Ein Gefühl der Unzulänglichkeit oder dass Sie nicht gut genug sind.
- Gestresst durch äußere Umstände.
- Ein Gefühl der Träge und als wäre man in einem Trott festgefahren.

Sakral-Chakra

Svadhisthana befindet sich oberhalb des Wurzelchakras. Es befindet sich ein wenig unterhalb des Bauchnabels. Das Sakralchakra ist mit der kreativen und sexuellen Energie eines Menschen verbunden. Dieses Chakra ist dafür verantwortlich, wie Sie mit Ihren Emotionen umgehen und wie Sie auf die Emotionen Ihrer Mitmenschen reagieren.

Wenn dieses Chakra blockiert ist, treten die folgenden Symptome auf:

- Probleme mit der Beweglichkeit in der Hüfte und im unteren Rücken.
- Emotionale Überlastung.
- Verschlossenheit gegenüber Emotionen.
- Mangel an Kreativität und Vorstellungskraft.
- Probleme mit dem Selbstbild.
- Schwierigkeiten bei sexueller und emotionaler Intimität.

Solarplexus-Chakra

Manipura ist das Chakra, das sich in der Magengegend befindet. Dieses Chakra steht in Verbindung mit Selbstwertgefühl und Selbstvertrauen. Wenn es ausgeglichen ist, gibt es Ihnen ein Gefühl der Kontrolle über Ihr Leben.

Wenn dieses Chakra blockiert ist, treten die folgenden Symptome auf:

- Ein Gefühl der Ohnmacht.
- Schmerzen im Unterleib.
- Verdauungsprobleme.
- Sie verhalten sich in Beziehungen zurückhaltend.
- Mangelndes Selbstwertgefühl.
- Bindungsprobleme.
- Aufgeblasenes Ego.
- Unfähigkeit, sich an Pläne oder Ziele zu halten.

Herz-Chakra

Anahata ist das Chakra, das sich in der Nähe Ihres Herzens befindet. Es befindet sich in der Mitte der Brust. Dieses Chakra ist mit Mitgefühl und Liebe verbunden. Wenn es einen freien Energiefluss hat, können Sie diese Emotionen anderen gegenüber besser zum Ausdruck bringen.

Wenn dieses Chakra blockiert ist, treten die folgenden Symptome auf:

- Neigung, Groll zu hegen.
- Schmerzen in der Brust und im oberen Rücken.
- Kein Selbstmitgefühl.
- Schwierigkeiten, sich emotional mit anderen zu verbinden.
- Allergien oder Asthma.
- Das Gefühl, dass Sie schwer zu lieben sind.

Hals-Chakra

Vishuddha ist das Chakra, das sich in Ihrer Kehle befindet. Es hilft Ihnen, frei zu kommunizieren und sich auszudrücken.

Wenn dieses Chakra blockiert ist, treten die folgenden Symptome auf:

- Schwierigkeiten, sich auszudrücken oder das Wort zu ergreifen, selbst wenn Sie es möchten.
- Das Gefühl einer blockierten Kehle.
- Steifheit oder Schmerzen im Nacken.
- Neigung, nervös weiterzureden.
- Es fällt Ihnen schwer, für sich selbst oder Ihre Meinung einzustehen.

Drittes Auge Chakra

Ajna ist ein Chakra, das zwischen den Augen liegt. Wenn dieses Chakra gesund ist, wird Ihr Bauchgefühl ausgeprägt sein. Es ist mit Intuition und Vorstellungskraft verbunden.

Wenn dieses Chakra blockiert ist, treten die folgenden Symptome auf:

- Mangel an Inspiration.
- Verspannungen in der Stirnregion.
- Kopfschmerzen.
- Schwierigkeiten bei der Entscheidungsfindung.
- Nebel im Kopf.
- Überaktive Phantasie.

Kronen-Chakra

Sahasrara ist das oberste Chakra im Körper. Es befindet sich an der Spitze des Kopfes. Es ist mit Ihrer spirituellen Verbindung zum Universum, zu sich selbst und zu anderen verbunden. Dieses Chakra hat Einfluss auf den Sinn Ihres Lebens.

Wenn dieses Chakra blockiert ist, treten die folgenden Symptome auf:

- Übermäßige Anhaftung an materialistische Dinge.
- Migräne.
- Unfähigkeit, die Dinge aus der Perspektive anderer zu sehen.
- Schwierigkeiten, eine spirituelle Verbindung herzustellen.

Wenn Sie eines der oben genannten Symptome bemerken, wissen Sie, dass in Ihren Chakren eine Blockade vorliegt. Wenn das der Fall ist, müssen Sie unbedingt daran arbeiten, die Chakren zu entstören. Stress ist einer der häufigsten Gründe, warum der Energiefluss in den Chakren gestört ist. Wenn Sie gestresst oder ängstlich sind, wirkt sich das nicht nur körperlich, sondern auch in Ihrer energetischen Dimension aus. Je mehr sich dieser Stress aufbaut, desto größer wird die negative Manifestation in Ihrem Geist und Körper. Wenn Sie ein glückliches und gesundes Leben führen wollen, müssen Sie diese Chakren befreien. Dies kann mit Hilfe eines Pendels geschehen.

Wenn Sie ein Pendel über ein beliebiges Chakra halten, wird es eine Bewegung geben. Die Bewegung des Pendels gibt Aufschluss über die Energie, die von diesem Chakra ausgeht. Die Intensität der Energie ist ein Indikator für die Energieblockade, das Ungleichgewicht oder das Gleichgewicht in diesem Chakra. Das Pendel hilft Ihnen, die Chakren zu diagnostizieren und zu heilen, so dass Sie den Zustand Ihres physischen, emotionalen und spirituellen Seins verbessern können.

Kristallpendel für jedes Chakra

Wurzel-Chakra

- **Granat.** Er hilft dabei, die Energie auszugleichen und das Chakra wieder mit Energie zu versorgen.
- **Hämatit.** Er blockiert jegliche negative Energie, verbessert die Blutzirkulation und sorgt für Erdung. Er verbessert Ihre Beziehungen.

- **Roter Jaspis**. Er absorbiert negative Energie und hilft dabei, sich geerdet zu fühlen.

Sakral-Chakra

- **Karneol**. Er sorgt für Motivation und stellt die Vitalität wieder her. Er verleiht auch Mut und fördert Positivität.
- **Bernstein**. Er kann helfen, Schmerzen zu lindern. Er ist ein energetisierender Stein und hilft auch, Gelassenheit zu vermitteln.

Solarplexus-Chakra

- **Citrin**. Er fördert die Vorstellungskraft und die Manifestation.
- **Achat**. Er stärkt den Intellekt und bietet Schutz. Er bringt Glück und erhöht die Kreativität.
- **Gelbe Jade**. Er macht Sie selbstbewusster und hilft Ihnen, Ihr Leben besser zu kontrollieren.
- **Tigerauge**. Er sorgt für geistige Klarheit, Selbstvertrauen und verbessert die intuitiven Fähigkeiten.

Herz-Chakra

- **Rosenquarz**. Er hilft Ihnen, sich ruhig und mitfühlend zu fühlen.
- **Aventurin**. Er fördert den Optimismus und bringt Wohlstand.
- **Amazonit**. Er hilft Ihnen, Ihre Meinung zu sagen.

Hals-Chakra

- **Türkis**. Er wirkt als Schutzstein und fördert geistige Entspannung und bessere Kommunikation.
- **Blauer Apatit**. Hilft bei einer besseren Kommunikation und fördert die Kreativität.
- **Celestit**. Er ist der Stein der guten Kommunikation.

Drittes Auge Chakra

- **Saphir**. Er bringt Freude und mehr Einsicht. Er hilft bei der Erfüllung von Zielen und der Lösung von Problemen.
- **Lapislazuli**. Er fördert die Intuition und bringt Weisheit.
- **Sodalith**. Er erhöht die Fähigkeit, sich zu konzentrieren und klar zu denken.

Kronen-Chakra
- **Klarer Quarz.** Er verstärkt die Kraft aller anderen Steine, die Sie verwenden, und hilft, Erleuchtung zu bringen.
- **Amethyst.** Er heilt Ihre Aura und hilft bei spirituellen Verbindungen.
- **Mondstein.** Er macht Sie offen dafür, Liebe zu empfangen.

Wie Sie den Energiefluss in Ihren Chakren mit einem Pendel überprüfen können

Die Verwendung eines Pendels ist eine der besten Methoden, um den Energiefluss in den Chakren zu spüren. Das Pendel wirkt wie ein Verstärker für die Energie, die durch jedes Chakra fließt. Wenn Sie die Manifestation dieses Energieflusses im Schwingen des Pendels beobachten, können Sie viel über Ihr Chakrasystem lernen.

Denken Sie daran, dass sich Ihre Chakren immer wieder öffnen und schließen, da sie verschiedene Phasen durchlaufen. Es ist gut, wenn Ihre Chakren offen sind, aber es ist auch nicht immer schlecht, wenn einige Chakren geschlossen sind. Das Energiesystem in Ihrem Körper passt die Energie, die durch alle Ihre Chakren fließt, ständig an. Das bedeutet, dass manchmal ein Chakra geschlossen wird, um die Gesundheit im Körper eines Menschen zu verbessern. Dies geschieht in der Regel im Zusammenhang mit bestimmten Problemen in Ihrem Körper, die mit diesem Chakra zusammenhängen.

Es gibt kein spezielles Pendel, das Sie für die Arbeit mit Ihren Chakren verwenden müssen. Verwenden Sie irgendein Pendel, mit dem Sie sich am besten verbinden können.

Hier sind einige Möglichkeiten, wie Sie den Zustand des Energieflusses in Ihren Chakren überprüfen können:

Bitten Sie jemanden um Hilfe

Bei dieser Methode müssen Sie sich von einer anderen Person helfen lassen. Sie brauchen nur ein Pendel und jemanden, dem Sie vertrauen, zum Beispiel einen Freund. Bevor Sie mit dieser Übung beginnen, müssen Sie sich mit Ihrem Pendel verbinden und die Quelle der Antworten nennen, die es Ihnen geben wird. Es ist auch wichtig, dass Sie beide ruhig sind und kein bestimmtes Ergebnis von der Lesung erwarten.

Suchen Sie sich einen bequemen Platz zum Hinlegen und bitten Sie Ihren Freund, sich neben Sie zu stellen, während er das Pendel über Ihren Körper hält. Das Pendel sollte sich ein paar Zentimeter über dem Chakra befinden, über das es gehalten wird. Sie sollten dann die Bewegung des Pendels über jedem Chakra beobachten und die Richtung und die Intensität der Bewegung notieren. Sobald sie dies über den Chakren auf der Vorderseite Ihres Körpers getan haben, drehen Sie sich um und erlauben Sie ihnen, das Gleiche auf Ihrem Rücken zu tun. Bitten Sie sie, auch die Messwerte auf Ihrem Rücken zu notieren. Vergleichen Sie dann diese Werte und achten Sie auf Unterschiede. Vergleichen Sie die Intensität der Bewegungen, die Größe des Pendels und die Richtung für jedes Chakra. Wenn das Pendel stark ausschlägt, bedeutet dies in der Regel, dass mehr Energie durch dieses Chakra fließt. Wenn die Schwingung gering ist, wird sie von weniger Energie angetrieben. Im Idealfall ist der Ausschlag überall gleich und alle Chakren sind offen, aber es ist viel wahrscheinlicher, dass es Unterschiede und Blockaden gibt. Wenn Sie die Unterschiede erkennen können, können Sie die Blockade oder das Ungleichgewicht identifizieren.

Hier sind einige gängige Interpretationen der Pendelbewegungen:
- Wenn es sich im Uhrzeigersinn bewegt, ist das Chakra offen, die Energie fließt frei und ist ausgeglichen.
- Wenn es sich gegen den Uhrzeigersinn bewegt, ist das Chakra geschlossen und die Energiebewegung durch dieses Chakra ist eingeschränkt. Es ist entweder blockiert oder aus dem Gleichgewicht.
- Wenn sich das Pendel in einer geraden Linie bewegt, ist das Chakra teilweise geschlossen. Das bedeutet, dass eine teilweise Blockade oder ein Ungleichgewicht im Energiefluss besteht.
- Wenn sich das Pendel elliptisch bewegt, besteht möglicherweise ein Ungleichgewicht auf der linken oder rechten Seite des Chakras. Die Energie fließt durch das Chakra, aber sie ist auf einer Seite blockiert oder aus dem Gleichgewicht.
- Wenn sich das Pendel nicht bewegt, ist das Chakra blockiert. Das bedeutet, dass keine Energie durch das Chakra fließt und es vollständig blockiert ist.

Verwenden Sie einen Proxy

Eine andere Möglichkeit, Ihre Chakren zu überprüfen, ist die Verwendung eines Proxys. Dazu benötigen Sie einen Ausdruck der Symbole, die die sieben Hauptchakren in Farbe darstellen, und Ihr Pendel. Geben Sie die Quelle der Antworten an, bevor Sie mit dem Pendel beginnen. Der Chakra-Ausdruck dient als Stellvertreter für Ihren Körper oder die Person, deren Chakren Sie analysieren möchten. Nehmen Sie sich einige Augenblicke Zeit zum Meditieren, damit Sie Ihren Geist zunächst beruhigen können. Halten Sie dann Ihr Pendel über das oberste Chakra und beginnen Sie dort. Visualisieren Sie dabei das Chakra in Ihrem Körper und beobachten Sie die Bewegungen des Pendels. Notieren Sie sich diese, während Sie von einem Chakra-Symbol zum anderen gehen. Vermeiden Sie es, darüber nachzudenken, wie sich das Pendel Ihrer Meinung nach bewegen sollte. Lassen Sie die Bewegungen einfach von selbst fließen und halten Sie sie fest. Sie können die Bewegungen dann auf dieselbe Weise interpretieren, wie Sie es normalerweise tun.

Verwenden Sie Grafiken

Sie können eine Pendeldeutung auch mit einer Chakra-Pendel-Grafik durchführen. Auf der Grafik ist jedes Chakra markiert. Legen Sie sie flach auf eine Unterlage und halten Sie dann Ihr Pendel darüber. Stellen Sie dem Pendel Fragen, die Ihnen helfen, den Energiefluss oder den Zustand jedes einzelnen Chakras zu bestimmen. Sie können Fragen stellen wie: Welches Chakra ist heute aus dem Gleichgewicht geraten? Sie können die Fragen auch spezifischer formulieren und Fragen stellen wie, welches Chakra bereitet mir heute Sorgen? Achten Sie nur darauf, dass Sie alle Fragen so formulieren, dass das Pendel Ihnen klare Antworten geben kann.

Wie Sie ein Pendel zum Ausgleich der Chakren verwenden

Wenn Sie Ihre Chakren heilen wollen, ist das Pendel ein guter Anfang.

- Halten Sie zunächst das Pendel Ihrer Wahl über den Ort des Chakras. Wenn Sie zum Beispiel eine Blockade im Chakra des dritten Auges festgestellt haben, halten Sie das Pendel über die Mitte Ihrer Stirn.

- Halten Sie nun still und warten Sie, bis sich das Pendel von selbst zu bewegen beginnt. Diese Bewegung wird Ihnen die Richtung der Energie in diesem Chakra zeigen.
- Sie können sich auf ein bestimmtes Chakra konzentrieren, oder Sie können jedes Chakra einzeln durchgehen. Wenn Sie an allen Chakren arbeiten möchten, beginnen Sie mit dem Kronenchakra oder dem Wurzelchakra und gehen Sie der Reihe nach vor.
- Wenn sich Ihr Pendel unregelmäßig über ein Chakra bewegt, liegt dort ein Energieungleichgewicht vor.
- Wenn sich das Pendel überhaupt nicht bewegt, deutet dies normalerweise auf eine Blockade hin.
- Nachdem Sie alle Chakren durchlaufen haben, benutzen Sie das Pendel, um damit um Harmonie in Ihrem Chakrensystem zu bitten.
- Sie müssen nur den Körper und die höheren Mächte bitten, das Gleichgewicht in Ihren Chakren wiederherzustellen.
- Wenn Sie diese Pendelheilungsübung bei jemand anderem durchführen, sollten sie diesen bitten, ebenfalls nach dieser Harmonie zu fragen. Sprechen Sie mit ihm über die Chakren und ihre Funktionen. Vermitteln Sie demjenigen Wissen, so dass er seinen eigenen Beitrag zur Heilung seiner Chakren leisten kann.
- Das Pendel selbst wird die Heilung nicht durchführen, ist aber ein nützliches Hilfsmittel in diesem Prozess. Sie müssen den Körper auffordern, sich selbst zu heilen und die Chakren neu auszurichten.
- Verwenden Sie das Pendel, um zu überprüfen, ob die Bewegungen am Ende der Übung einen gesunden Energiefluss durch jedes Chakra anzeigen.

Pendel sind ein leicht zugängliches Werkzeug für den Chakrenausgleich. Sie sind nicht teuer, und Sie müssen sich auch nicht allzu sehr anstrengen, um sie zu benutzen. Ihre Absicht und Ihre Geduld sind bei diesem Prozess wichtiger.

Es ist wichtig, das Pendel von jeglicher negativer Energie zu reinigen, nachdem Sie es zum Heilen verwendet haben. Dies ist notwendig, damit Sie es später für andere Zwecke verwenden können. Ein Pendel, das eine Menge negativer Energie angesammelt hat und nicht gereinigt wird, wird nicht richtig funktionieren.

Fazit

Vielen Dank, dass Sie das Buch über Pendel gelesen haben: *Der ultimative Leitfaden zur Magie der Pendel und wie Sie sie zum Wahrsagen, Pendeln, Tarot-Lesen, Heilen und Ausgleichen der Chakren verwenden können*

Inzwischen wissen Sie viel mehr über Pendel, als viele andere Experten von sich behaupten. Sie sollten in der Lage sein, ein geeignetes Pendel für sich zu finden und erfolgreich damit zu praktizieren. Ihr Pendel hat das Potenzial, Ihr Leben in vielerlei Hinsicht zu verbessern. Das Vertrauen in das Pendel und die Offenheit für seine Führung geben den Ausschlag. Nutzen Sie die Tipps in diesem Buch und versuchen Sie, das Pendel für alles zu verwenden, vom Tarot-Lesen bis zum Chakrenausgleich. Mit etwas Übung werden Sie in der Lage sein, das Pendel mit noch größerer Genauigkeit einzusetzen, als Sie zunächst erwarten. Besorgen Sie sich also Ihr Pendel und beginnen Sie zu pendeln!

Hier ist ein weiteres Buch von Mari Silva, das Ihnen gefallen könnte

Quellenangaben

Ana. (2020, September 13). How to Use a Pendulum, Asking Questions About Love, Future, and More.
https://Buddhatooth.com/. https://buddhatooth.com/how-to-use-a-pendulum/

Asttaria, B. (2019, August 1). Selecting a Pendulum: Understanding the Differences. Adermark.com.
https://www.adermark.com/selecting-a-pendulum/

Caro, T. (2020, August 23). Here's How to Ask Pendulum Questions About Relationships. Magickal Spot.
https://magickalspot.com/asking-pendulum-about-relationships/

Caro, T. (2020, May 28). Why Does my Pendulum Shakes? [Meaning Explained]. Magickal Spot.
https://magickalspot.com/pendulum-shake-meaning/

Different Pendulums and Their Uses. (2015, August 17). Instant Karma Asheville.
https://instantkarmaasheville.com/different-pendulums-and-their-uses/

Five Ways You Can Use a Pendulum to Enhance Your Tarot Readings | Inner Goddess Tarot. (2018, August 12). Inner Goddess Tarot.
https://innergoddesstarot.com/2018/08/five-ways-you-can-use-a-pendulum-to-enhance-your-tarot-readings/

How to Cleanse Pendulum and Stone Energies. (n.d.). Ask Your Pendulum.
https://askyourpendulum.com/pages/how-to-cleanse-pendulum-and-stone-energies

How to Use a Pendulum. (n.d.). Ask Your Pendulum.
https://askyourpendulum.com/pages/how-to-use-a-pendulum

How to Use Your Pendulum to Find Lost Objects. (n.d.). Ask Your Pendulum. https://askyourpendulum.com/pages/how-to-use-your-pendulum-to-find-lost-objects

How to Use a Pendulum to Find Anything. (2013, April 2). Hibiscus Moon Crystal Academy. https://hibiscusmooncrystalacademy.com/how-to-use-pendulum/

Kahn, N. (2018, November 29). What Is Crystal Pendulum Dowsing? This Practice Can Help Answer Your Biggest Questions. Bustle. https://www.bustle.com/p/what-is-crystal-pendulum-dowsing-this-practice-can-help-answer-your-biggest-questions-13207938

Luna, A. (2017, December 18). How to Use a Dowsing Pendulum For Divination - Beginner's Guide ⋆ LonerWolf. LonerWolf. https://lonerwolf.com/dowsing-pendulum/

Pendulum Dowsing History | Timeline (Updated 2020) - Journey To Ascension. (2020). https://Journeytoascension.com. https://journeytoascension.com/pendulum-dowsing-history/

Pendulums for Beginners: 6 Helpful Tips for Successful Dowsing. (2013, June 6). Love & Light School of Crystal Therapy. https://loveandlightschool.com/pendulum-dowsing-for-beginners-some-helpful-tips-for-successful-dowsing-by-kelly-small/

Rekstis, E. (2018, June 21). Healing Crystals 101: Finding the Right One for You. Healthline. https://www.healthline.com/health/mental-health/guide-to-healing-crystals#Different-types-of-healing-crystals

Sara. (2016, August 3). Pendulum And Tarot | The Sisters Enchanted. The Sisters Enchanted. https://thesistersenchanted.com/pendulum-and-tarot/

Selig, M. (2017, March 1). 12 Quick Mini-Meditations to Calm Your Mind and Body. Psychology Today. https://www.psychologytoday.com/us/blog/changepower/201703/12-quick-mini-meditations-calm-your-mind-and-body

Questions to ask a pendulum. (n.d.). https://www.circa1890.com/home.html. pendulum.html

www.ingramcontent.com/pod-product-compliance
Lightning Source LLC
Chambersburg PA
CBHW072153200426
43209CB00052B/1167